I0126671

CHASSE

AU PRUSSIEN

PARIS — IMPRIMERIE GAUTHIER-VILLARS

55, Quai des Grands-Augustins, 55

A Nos Amis

Robin
Moreau
Larcher
Rodriguez
Dumain
Besnard
Rey

Joigny
1870

E. Jouard sc.

CHASSE

AU

PRUSSIEN

NOTES AU JOUR LE JOUR

D'UN FRANC-TIREUR

De l'Armée de la Loire

Par J. MICHEL

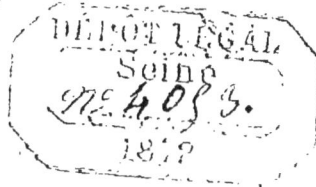

PARIS

E. DENTU, ÉDITEUR

LIBRAIRE DE LA SOCIÉTÉ DES GENS DE LETTRES

ET DE LA

SOCIÉTÉ DES AUTEURS ET COMPOSITEURS DRAMA TIQUES

GALERIE D'ORLÉANS, 17 ET 19, PALAIS-ROYAL.

—

1872

En quelques jours il a fait jaillir des légions;

Il a ressuscité des cœurs morts;

Il a lutté jusqu'à la dernière extrémité.....

Il a succombé.

Secondé par l'armée, aidé par les populations, il eût nfailliblement purgé la France de l'invasion.

A d'autres la triste tâche d'essayer de l'écraser sous a responsabilité de nos défaites et de notre agonie.

Moi — je l'admire !

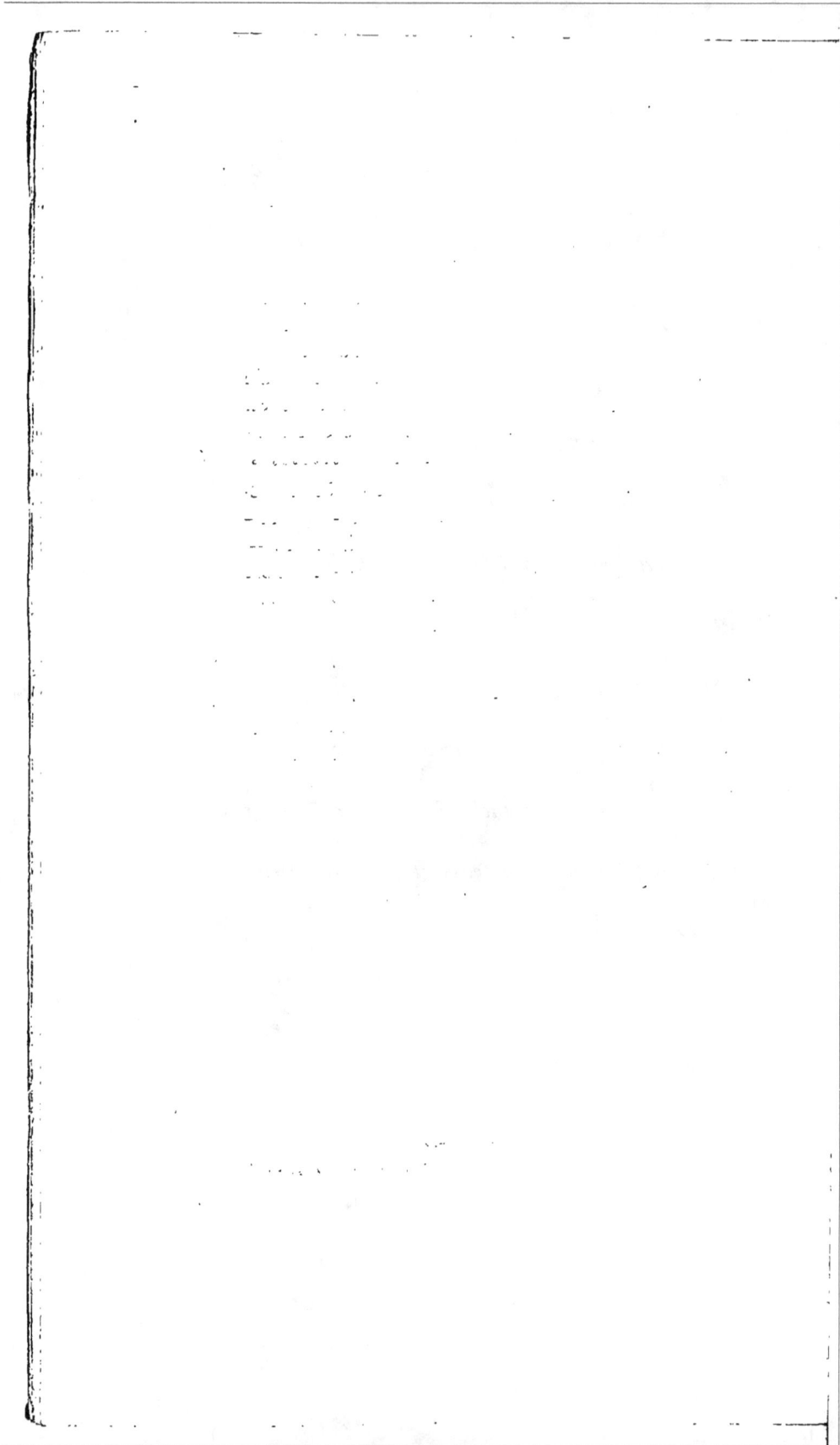

A MES COMPAGNONS D'ARMES

DE LA 5ᵉ COMPAGNIE

DES FRANCS-TIREURS DE TOURS

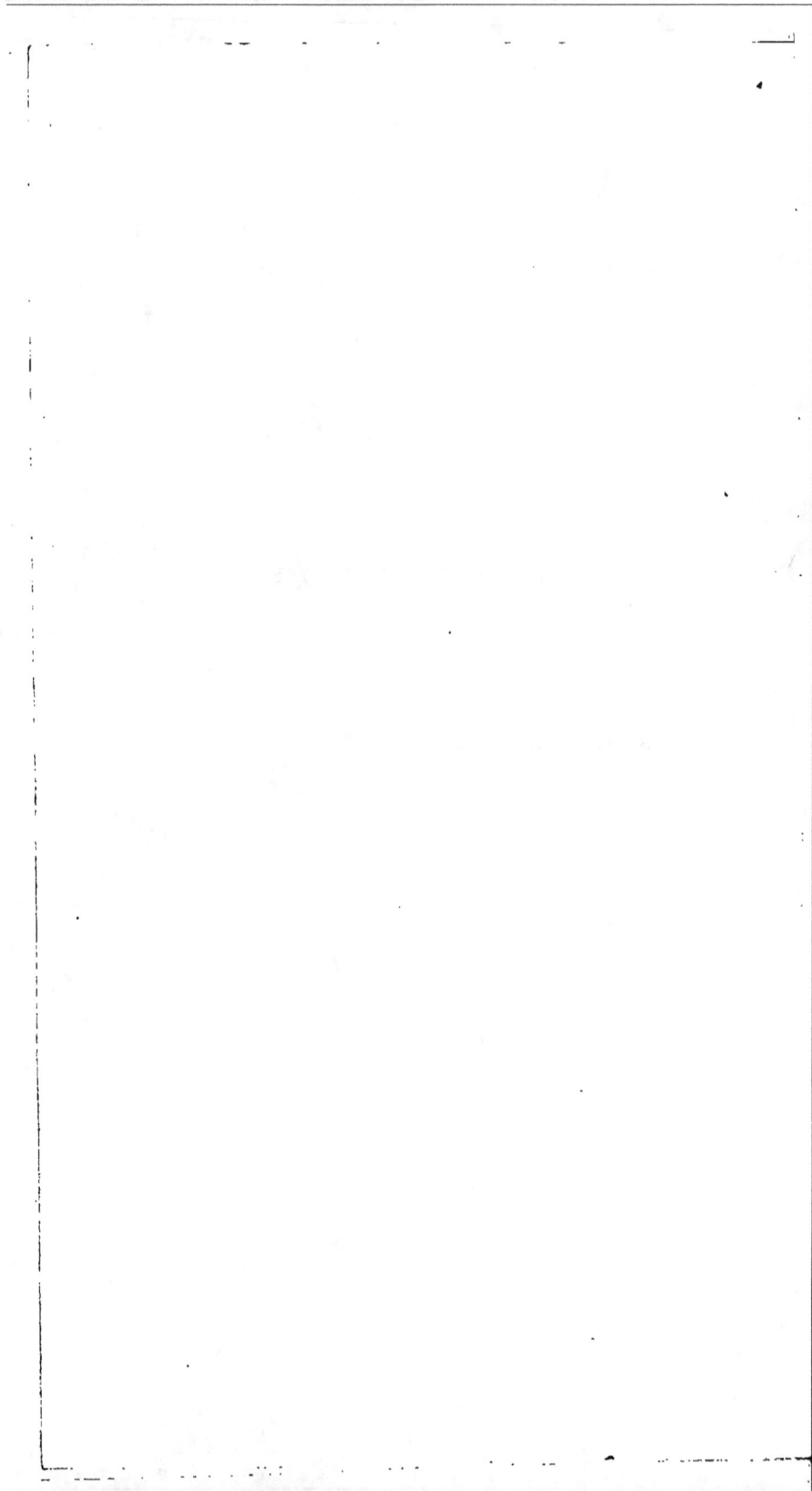

PRÉFACE

Ce livre arrive tard, trop tard — c'est vrai, mes chers amis.

Des difficultés matérielles sans nombre, une paresse sans égale m'ont empêché de le produire plus tôt.

Vous le lirez cependant.

S'il n'est pas écrit dans un style académique, il a très-certainement le double mérite d'une grande exactitude et d'une impartialité incontestable.

J'ai essayé de décrire notre malheureuse campagne à un point de vue purement anecdo-
tique.

Nos opérations, les faits dont nous avons été
témoins sont indiqués dans toute leur sincérité,
je dirai même dans toute leur crudité.

Mes notes ont été prises devant vous, au jour
le jour, heure par heure, et rien, vous entendez
bien, rien n'a été changé ni écrit sous l'impression des événements qui se sont succédé depuis
un an.

Vous vous retrouverez à chaque pas; vous
vous reconnaîtrez, vous marcherez, vous vivrez
dans mon livre.

A coup sûr, beaucoup de passages ennuieront
le lecteur étranger à notre compagnie.

Qu'il se dispense de les lire, je ne lui en saurai
pas mauvais gré pour cela, au contraire.

Peut-être même, mes impressions personnelles

froisseront-elles quelques-uns d'entre vous, chers camarades !

Tant pis, je ne pouvais écrire avec la pensée d'un autre.

Vous me lirez donc, et je vous le certifie à l'avance, vous me lirez sans bâiller.

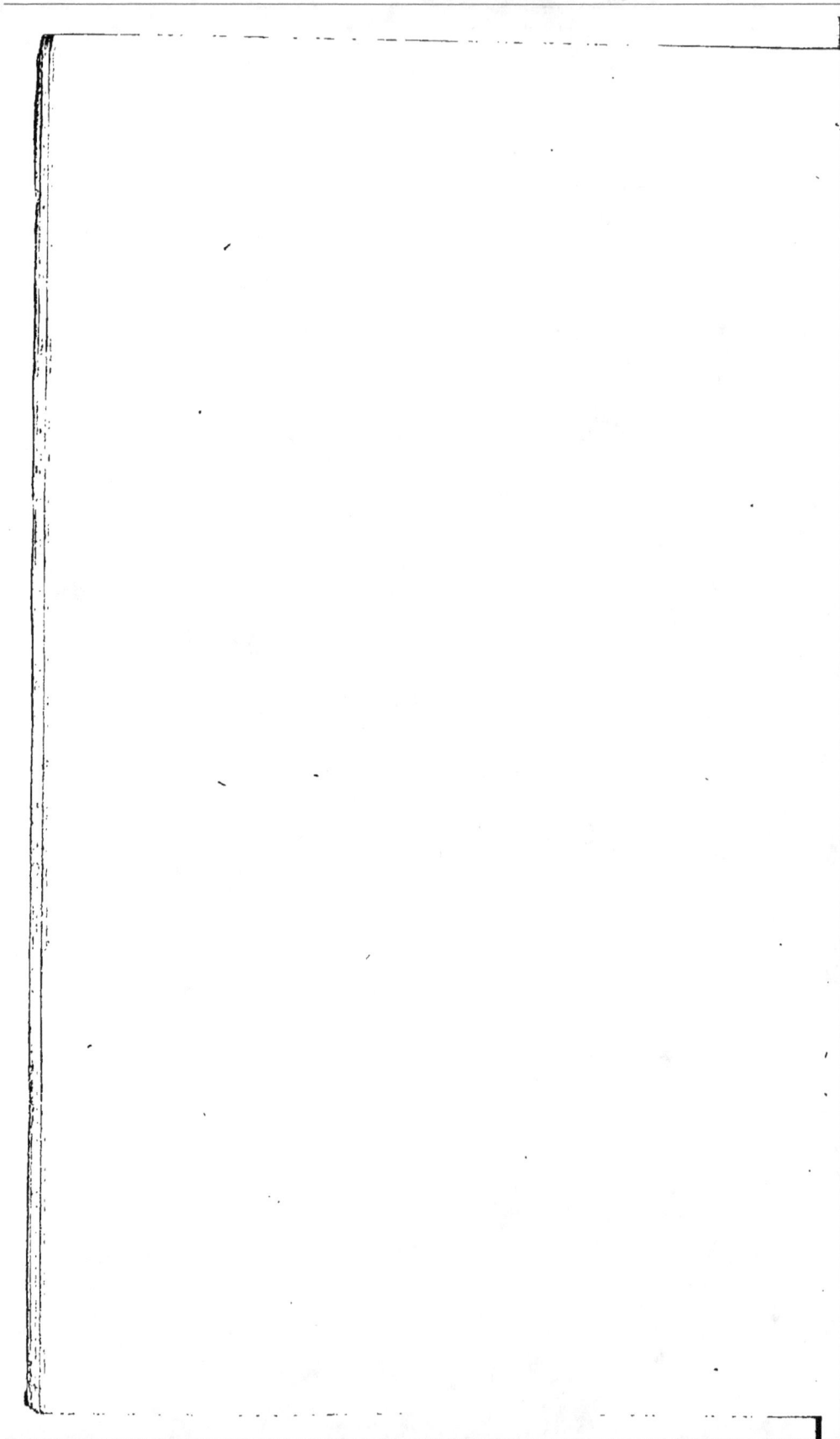

CHASSE AU PRUSSIEN

CHAPITRE PREMIER.

Formation de la Compagnie — Exercices préliminaires
Départ — Le Mans
Montmirail — Nouvelles de Metz.

—

10 *octobre.* — Autorisé par M. Durel, préfet d'Indre - et - Loire , Paul Hildenbrand, jeune homme marié et établi, fait appel au patriotisme de ses camarades de lycée.

Une trentaine de jeunes gens accourent à sa voix. Bientôt autour d'eux se groupent assez de volontaires pour former une compagnie d'une centaine d'hommes. — Plusieurs Français qui habitaient l'Angleterre viennent nous demander à faire campagne avec nous. Nous les acceptons de grand cœur.

Ce sont : Auguste Bœtsch, Achille Thierry, Georges Rodriguez, Achille Dumain, Ernest Devien.

Bien des éléments entrent dans la composition de la compagnie. — Hommes mariés, exemptés de l'armée ou de la mobile, jeunes gens n'attendant pas la mobilisation de la garde nationale, ou échappant par leur âge aux lois de recrutement, fils d'étrangers ; il y a de tout cela parmi nous.

Quelques anciens soldats et 5 ou 6 francs-tireurs appartenant à une compagnie dispersée après un combat malheureux, complètent le chiffre de 104.

Un règlement est de suite rédigé et accepté.

Une caisse commune sera formée avec les dons volontaires et l'entrée en campagne des officiers.

18 *octobre*. — Nous procédons dans la salle de l'Hôtel-de-Ville à la composition du cadre.

Sont nommés : Capitaine, Hildenbrand. — Lieutenant, Delronge. — Sous-lieutenant, Robin. — Sergent-major, Montmignon. — Vaguemestre-trésorier, Charles Liéron. — Sergent-fourrier, Suppligeon. — Caporal-fourrier, Jules Sauvage.

Du 18 *au* 25 *octobre.* — Quelques exercices préliminaires. — Habillement et équipement complets moins les guêtres. — La ville nous promet une voiture d'ambulance.

Le 25, la compagnie retire à Delronge le grade de lieutenant, que l'élection lui a donné le 18.

Je ne sais pas pourquoi.

26 *octobre.* — Nous partons de Tours à six heures du matin et nous arrivons au Mans à midi. Seul, Montmignon est resté à Tours pour y attendre ce qui nous manque.

Au Mans, la population nous reçoit parfaitement. J'ai personnellement à me louer de la gracieuse hospitalité de MM. Malleville, Maslin et Barbet. M. Maslin met une partie de sa maison à la disposition du capitaine, pour différents travaux que nous avons à exécuter avant notre entrée en campagne. — Merci !

Nous n'avons pas à faire les mêmes compliments au maire et au général qui, sans l'intervention des habitants, nous laissaient bel et bien coucher dehors la seconde nuit de notre court séjour au Mans.

Ce jour-là, j'attrape ma première punition, deux jours de *garde à l'œil* : j'ai oublié mon fusil au moment d'aller à la cible.

28 *octobre*. — Le sergent-major arrive de Tours sans rien rapporter.

Quelques-uns d'entre nous dressent une carte du pays que nous devons explorer et font l'acquisition, avec les fonds provenant de la caisse de la compagnie, d'un assez bon cheval et d'une très-mauvaise voiture qui le lendemain nous laisse en route au moment de prendre le train pour La Ferté-Bernard.

La voiture brisée, Gueutal, Hubert et moi en prenons une autre pour rejoindre la compagnie.

Nous nous fourrons dans un fourgon du chemin de fer de l'Ouest, en compagnie de nos bagages, de la voiture, du cheval et de quelques francs-tireurs de Paris bons garçons, bons vivants, avec lesquels nous fraternisons.

Arrivés à La Ferté sans encombre ; M. Paul Mottet me reçoit en confrère et ami.

Les francs-tireurs de la Sarthe, commandant de Foudras, sont dans cette ville depuis quelques jours.

3o *octobre.* — Partis à huit heures du matin, après un nouvel accident de voiture promptement réparé, nous filons sur Courgenard, où nous arrivons à neuf heures. — Réception hospitalière pendant les quelques heures de repos que nous y prenons.

Détachée en éclaireur, notre escouade, après cinq lieues à travers bois, arrive à Montmirail sur le soir.

Montmirail, petit bourg insignifiant malgré son assez joli château, est une position stratégique imprenable. Perché comme un nid d'aigle sur une roche à pic d'une élévation de 250 mètres au-dessus du niveau de la mer, il *défie* l'ennemi le plus audacieux. — Nous installons notre bivouac sur la place. C'est la première fois que nous cuisinons en plein air.

Dans ce petit village se trouvent en même temps que nous deux compagnies du 26e de

ligne passablement ramollies, et pas mal d'éclaireurs de la Sarthe qui, avec leurs longues plumes,
ressemblent assez à des héros d'opéra-comique.

C'est à Montmirail que la nouvelle de la reddi-
tion de Metz nous parvient.

Devons-nous y croire ?

Bazaine serait-il, lui aussi, lâche et traître ?

Pourquoi pas ?

Advienne que pourra, nous sommes résolus à
nous battre.

CHAPITRE II.

Premier exploit — Le bon gendarme — Côre trois
Unverre — Shoking
*La Cochardière — Le Gourbi — La popote — Les éclaireurs
Insouciance des paysans — Un ballon.*

31 *octobre.* — Le capitaine va à Nogent-le-Ro-
trou demander des ordres au colonel Rousseau,
chef d'état-major.

La compagnie se reposera aujourd'hui et se
tiendra prête à marcher demain.

Quelques zélés partent en expédition provisoire.
J'en suis.

Nous revenons avec six prisonniers, 2 oies,
2 canards et 2 poulets. Leur exécution fut
prompte ; que Dieu ait pitié de leur âme !

Cette escapade faillit nous conduire en conseil de guerre.

Dans la journée, une vieille femme porte plainte à la gendarmerie : des chenapans lui ont volé une oie. Une fatale ressemblance d'uniforme nous désigne comme les coupables.

Nous ? si honnêtes !

Allons donc ! oh !

La gendarmerie arrive, brigadier en tête, et perquisitionne...

On trouve une oie.

Pandore rayonne. Il croit avoir trouvé le corps du délit et commence à partager l'avis de la plaignante.

Nous dédaignons toute explication. D'un geste magistral nous engageons les représentants de la force publique à nous suivre et ordonnons à la femme de nous accompagner.

Nous les conduisons chez le fermier qui nous a vendu nos volatiles.

Le brave homme déclare que nous sommes d'honnêtes soldats et que nous l'avons largement payé en bon argent.

Il en a du reste *côre trois* à notre service.

Les gendarmes nous font des excuses bien senties

et veulent dresser contre la plaignante un procès-
verbal pour diffamation.

Nous intercédons en sa faveur et ne lui laissons
que le remords de sa *médisance*.

1er *novembre.* — Partis de Montmirail à 7 heures
du matin, nous arrivons à 11 heures à la Bazoche-
Goûet, où stationne la mobile de Nantes.

En route pour Unverre. — Nous y sommes à
six heures et couchons dans une grange sur des
paillasses sans toile où, ma foi! nous dormons très-
bien. — Etape, 28 kilomètres à pied, sac au dos. —
C'est dur.

2

Rien de saillant dans la journée.

Ah ! si : une belle et blonde jeune fille de ses doigts de rose me recoud un bouton. *Shoking !*

2 *novembre.* — Repartis à 8 heures d'Unverre, nous passons Dampierre et campons entre ce village et Brou, dans le bois de la *Cochardière.*

Vous ne vous figurez pas ce que peut être un camp dans les bois. — C'est pittoresque, charmant, mais pas confortable du tout.

On fait, comme on peut, son lit dans son *gourbi* (1).

On couche sur des feuilles avec les arbres et la lune pour horizon.

Que de poésie, que de gaieté ! on pense au pays, on mange peu, on ne dort guère, le tout avec entrain.

Nous avons dans notre compagnie de fins cuisi-niers, tous gars superbes, qui font à ravir popote et distributions. Superbes, mais surtout dévoués. Ce sont ceux qui sont revenus d'Angleterre pour défendre le pays.

Dans la journée, envoyés comme éclaireurs, Hy-

_____

(1) Le gourbi est une espèce de hutte faite avec des branches recourbées, de la paille et des feuilles.

vert, Gueutal et moi, dans la direction de Mottereau,
nous ne remarquons rien, si ce n'est l'incroyable
incurie des habitants et leur stupide sécurité.

Les bœufs tirent la charrue, d'énormes troupeaux

de moutons paissent tranquillement, et pourtant,
là même où nous sommes aujourd'hui, des éclaireurs prussiens se montraient ces jours derniers.

Un trait en passant. — Le maire de Mottereau,
M. Mullat, prévenu par sa toute dévouée garde
nationale (lieutenant André Rousseau) que des

francs-tireurs devaient piller sa maison, a cru devoir abandonner le pays.

Toujours et partout, depuis le commencement de la guerre, mêmes faiblesses, mêmes lâchetés. On ferme les bras aux Français, mais on les ouvrira tous grands aux Allemands.

. Il faut dire toutefois à la décharge du maire en question qu'il a laissé l'ordre à ses gens de traiter parfaitement toute troupe de passage, valide, blessée ou malade.

Aujourd'hui un ballon se dirigeant vers Nogent est passé au-dessus de nos têtes après avoir traversé le camp prussien.

Puisse-t-il apporter de bonnes nouvelles !

En tout cas, à l'heure où j'écris, il est hors de danger.

CHAPITRE III.

En chasse — Rabetan — Baptême du feu — En avant!

—

3 *novembre.* — Ouverture de la chasse.

Partis de notre campement à quatre heures du matin, nous traversons Brou, Yèvres ; nous stationnons à Dangeau, où la population nous apporte sur la place tout ce dont nous avons besoin.

Toutefois Hildenbrand apostrophe de la plus belle manière le fils du maire, jeune homme frais et rose de 28 à 3o ans, très-complaisant, très-aimable, c'est vrai ; mais n'aurait-il pas mieux à faire que de nous offrir à boire et à manger ?

Allons, monsieur, à votre âge on ne se contente pas d'admirer des volontaires; on fait comme eux, — on se bat.

Nous sommes en pleine chasse aux uhlans et nous avons tout espoir de les rencontrer.

De Dangeau nous gagnons Saumeray, laissons Bonneval sur la droite à six kilomètres et Illiers sur la gauche à huit kilomètres.

J'éprouve un profond sentiment de tristesse à la vue du désarmement presque général de la garde nationale, qui a lieu par ordre des autorités.

Pauvre France ! Dans quel état de décrépitude morale t'a plongée le régime du Deux-Décembre !

Oh ! Bonaparte ! Croque-mort de 51, trafiqueur de Sedan ! Que toutes les turpitudes que tu as commises au prix de notre honneur et de notre liberté retombent sur ta famille jusqu'au dernier de tes descendants !

La République universelle te crache à la face et accumule toutes les malédictions sur ta tête.

Affaire Rabetan. — Trois heures et demie du soir.

Vive la République !

Nous venons de recevoir le baptême du feu.

Un détachement a poussé jusqu'aux avant-postes prussiens. Résultat de la journée, 1 hussard de la mort tué, 1 prisonnier, 1 blessé, 2 chevaux tués et 2 blessés.

Nous ? — Pas une égratignure.

Encore une fois vive la République ! et à demain.

Nous rentrons au camp à onze heures du soir, le cœur plein d'espoir et la jambe légère, malgré seize heures de marche forcée.

DÉTAILS SUR L'AFFAIRE.

Partis au nombre de 34, capitaine en tête, bien avant le jour, nous marchons presque sans relâche jusqu'à deux heures et demie du soir; 12 lieues à travers champs.

Nous sommes bien résolus à ne pas rentrer les mains vides, dussions-nous rester plusieurs jours sans revoir le camp.

Le voulant et le voulant bien, nous commettons une action des plus audacieuses, des plus téméraires même.

Quelques paysans nous ayant dit que 200 à 300 Prussiens campaient dans les environs de

St-Avit, petit bourg situé à douze kilomètres au nord-est de Brou, à six kilomètres d'Illiers, nous nous dirigeons de ce côté.

A la ferme de Rabetan, les avant-postes de l'ennemi nous apparaissent très-distinctement ; 1,200 mètres environ nous en séparent.

N'est-il pas insensé de s'aventurer dans ces plaines immenses et entièrement découvertes? Qu'importe ? Nous attaquerons.

Des hussards de la mort, lancés en éclaireurs, caracolent gaillardement devant nous.

Un bois — tout petit — nous favorise. Nous le longeons presque à plat ventre et gagnons sans être vus un fossé d'irrigation très-étroit et peu profond qui coupe perpendiculairement un talus assez élevé; abrités derrière ce talus, nous observons les mouvements de l'ennemi. Ordre est donné de ne faire feu qu'au commandement du capitaine.

Un hussard saute le fossé et s'arrête à dix pas de nous. Il ne nous voit pas. Personne ne bouge. Je le tiens en joue : ne pouvant faire feu avant l'ordre, j'éprouve en même temps pitié, colère, rage et quelque chose de l'émotion du jeune chasseur à la vue de son premier gibier.

Un coup de feu prématuré ferait manquer le but de l'expédition. Je m'abstiens donc.

Quelques instants après, six autres cavaliers suivent le premier.

Feu de peloton! — Rien. — Maladroits!

Du moins nous le croyons.

Cependant à une centaine de mètres deux chevaux blessés à mort tombent. L'un des cavaliers s'enfuit; son camarade, blessé, est achevé par Gourmel.

Est-ce du courage? Est-ce de la lâcheté?

Je jure sur l'honneur que, quelque ordre que je reçoive à ce sujet dans de semblables circonstances, je ne l'exécuterai jamais, dussé-je passer en conseil de guerre.

Une seconde décharge :

Encore deux chevaux de touchés.

Nous faisons un prisonnier, un hussard, atteint à l'épaule, que nous laissons aux mains des paysans qui nous ont servi de guides.

Le cheval du pauvre diable suit, en boitant, son maître dont il lèche la blessure. Cette fidélité nous touche profondément.

Le second cavalier, bien que blessé lui aussi, reste couché sur sa monture et nous échappe.

Comme la plupart des cavaliers prussiens, il est sans doute attaché à sa selle au moyen d'une courroie.

Les deux derniers hussards s'enfuient, peut-être blessés aussi, car ils oscillent sur leurs chevaux.

Avant de tomber l'une des bêtes a fait plus de cent mètres avec huit balles dans le corps.

Nous dévalisons les chevaux et rapportons les dépouilles comme trophée; nous ramassons également les armes des hussards.

Ce petit exploit accompli, nous nous replions sur la ferme. Il n'est que temps : les hussards apparaissent au loin comme une nuée de sauterelles, et n'oublions pas que nous sommes trente-quatre seulement.

De notre côté, ni morts ni blessés, malgré quatre coups de revolver tirés par un hussard. Une balle m'a sifflé aux oreilles. Je saluai : dame, c'est la première fois.

Cette petite affaire, sans amener aucun résultat remarquable, nous a appris où est l'ennemi. Et puis cela nous a fait voir le feu : le premier pas est fait.

Plus d'appréhensions, maintenant. — En avant !

CHAPITRE IV.

Bulou — Château des Ormes — Détails de ménage
Le chasseur Zotier — Mouvements de troupes
Un indiscipliné — La grand'garde — Dépêche.

Pendant ces prouesses, un autre détachement
de 35 hommes, commandé par le lieutenant
Robin, était dirigé sur Bulou où les Prussiens
avaient été signalés la veille. A l'approche de
la colonne, la garde nationale désarmée par ordre
des autorités courut immédiatement reprendre
ses armes à la mairie.

Déguisés en paysans, le lieutenant Robin, le
sergent Hubert et Vayssier, partis en reconnaissance, ne virent rien et n'entendirent que notre
fusillade.

Quelques hommes postés dans le clocher aperçurent très-distinctement à cinq kilomètres de Bulou une douzaine de uhlans qui se dirigeaient sur ce village. Mais soit qu'ils eussent été prévenus, soit par pressentiment, ces cavaliers rebroussèrent chemin pour prendre une autre direction.

Le reste de notre compagnie gardait les bagages.

4 novembre. — Partis de notre campement après déjeuner, nous parcourons tout le pays jusqu'à Frazé. Là rien à manger, pas où coucher après vingt-cinq kilomètres de marche. 2,000 mobiles sont arrivés avant nous et occupent tout le village.

Sur nos réclamations, le maire, M. de Tombelle, nous emmène dans sa grange et nous fait mille politesses pour nous faire accepter un peu de pain pour dîner et un peu de paille pour dormir.

Pauvre bonhomme ! Quelle tête il fait ! Quelle peur il a quand nous lui déclinons notre qualité de francs-tireurs. Bien sûr il croit avoir affaire à tous les brigands de la Calabre réunis.

3

On nous apprend que la capitulation de Metz n'est que trop certaine et que les canons pris dans cette ville sont déjà sous les murs de Paris.

Dans la capitale même, le gouvernement de la Défense serait mis en accusation.

Où allons-nous, grand Dieu ?

Confiance cependant et marchons !

5 novembre. — Notre réveil est charmant, et le château des Ormes nous est ouvert de tout cœur par son propriétaire, M. de Tombelle, le maire que nous avons vu la veille.

M. de Tombelle est un vieillard de soixante-quinze ans, gros et court, à physionomie vive et ouverte : un vrai type ! Il frétille et croit avoir encore vingt ans. Aimant à faire le bien, mais abasourdi par la quantité de troupes qui passent tous les jours, notre arrivée lui a causé une sorte d'égarement.

Pardon, M. de Tombelle, nous vous avions mal jugé hier.

6 novembre. — Nous nous quittons à midi, la main dans la main, comme de vieux camarades. Ancien soldat, il veut nous reconduire sur la route de Montigny, village où nous arrivons à une heure.

Là encore beaucoup de mobiles inactifs.

Les francs-tireurs de Nice ont leur quartier général à Montigny. Eux aussi ont étrenné.

Un peu de cavalerie légère, les chasseurs d'Afrique donnent la chasse aux Prussiens et leur tuent tous les jours quelques éclaireurs.

Nous nous reposerons jusqu'à demain. Ce n'est pas trop, car depuis que nous sommes partis du Mans, nous n'avons couché qu'une seule fois dans un lit.

Malgré cela, la gaîté la plus franche et une sincère cordialité n'ont pas cessé de régner parmi nous, à part quelques grincheux qui se plaignent toujours. On ne peut pas éviter cela !

Le capitaine Hildenbrand partage fraternellement nos misères et nos joies. Rien de plus à lui qu'à tout autre. De là, pas ou presque pas de murmures.

Notre escouade et le petit état-major de la compagnie se sont organisés en phalanstère, et avec nos vingt sous par jour pour la popote nous vivons sur le pied du plus pur communisme, tout en mangeant de fort bonnes choses, grâce à nos excellents maîtres queux. Leur succulente cuisine fait couler le petit cidre du cru et en corrige l'effet laxatif.

Le diable m'emporte si jusqu'à ce jour j'aurais pensé qu'on pût vivre si bien et à si peu de frais.

Un fait en passant. Félix Zotier, cavalier de première classe, 11ᵉ régiment de chasseurs, ramène ici un cheval prussien après avoir fait prisonniers deux uhlans dont un officier.

Singulier retour de la fortune : ce même chasseur avait été fait prisonnier à Sedan par ces deux mêmes uhlans ! Il avait pu s'échapper de cette bagarre après dix jours de réclusion.

Les troupes qui défendaient Illiers ont fait un mouvement rétrograde.

Artillerie, 3 pièces de 12. *Cavalerie*, chasseurs d'Afrique et cuirassiers. *Infanterie*, mobile. En tout, 7 à 8000 hommes se sont retirés sur Montigny et Frasay, Luigny et la Chapelle-Royale.

Pourquoi ? Je n'en sais rien.

De leur côté, les Prussiens hésitent à opérer un mouvement en avant et à occuper Illiers. Ils redoutent une surprise.

7 *novembre*. — Un fait bien regrettable se passe

ce matin à l'appel. Un de nous est désarmé pour cause d'indiscipline et mis à la disposition des autorités militaires.

Un homme malade rentre dans ses foyers.

Plusieurs se sentent fatigués et réclament des soins et du repos.

Toutefois l'état général des hommes est satisfaisant.

Partis à une heure et demie de Montigny, nous arrivons à trois heures à Mottereau pour y séjourner.

Une portion de la compagnie part en expédition. Le reste est posté en grand'garde à l'entrée d'un petit bois. Vers dix heures du soir, on vient nous lire dans tous les postes une dépêche apportée de Brou, ainsi conçue :

« Bazaine n'a pas capitulé.

« Il marche sur Nancy.

« Trochu a remporté d'importantes victoires à Paris sur tous les points.

« Orléans est délivré.

« Un capitaine de francs-tireurs est nommé général pour un acte de courage (*sic*). »

Faut-il croire à de si bonnes nouvelles ?

C'est trop beau.

3.

Nous avons été trompés tant de fois !

Je n'ai, pendant ma faction, rien vu, rien entendu que les aboiements d'un chien de berger qui n'avait rien de suspect. Je parle du chien.

Ce n'est pas très-gai, la grand'garde.

Le silence de la nuit et l'isolement de la sentinelle perdue lui font malgré tout penser aux douceurs de la vie de famille.

Je dis malgré tout, parce que aujourd'hui nous ne devrions avoir qu'une seule pensée, qu'un seul amour : Liberté, Patrie.

CHAPITRE V.

—

Alerte — Illiers — Les dragons bleus
Départ du capitaine — La belle hôtelière de Brou
Déception — La Chapelle-Royale — Dans une ferme.

8 *novembre*. — Deux heures. Alerte, aux armes ! crie la sentinelle.

Tout le monde en train de becqueter sa popote saute sur ses armes. Prêts à faire feu, nous voyons arriver sur nous à fond de train deux superbes cavaliers sur de superbes montures ; à temps encore nous reconnaissons deux des nôtres, le lieutenant Robin et le franc-tireur Petzès.

Voici ce qui s'était passé :

Partie dès le matin, la colonne était parvenue à

Illiers, six lieues de Chartres, trois lieues de Brou.

Dès l'arrivée, les hommes avaient été postés dans les maisons en attendant l'ennemi, car nous avions été prévenus que les Allemands poussaient chaque jour des reconnaissances jusque dans cette ville.

Midi sonnant, cinq dragons bleus débouchent dans la grande rue.

Les francs-tireurs se montrent.

« Rendez-vous ! s'écrie notre capitaine. — Jamais, » répond en bon français l'officier prussien qui tient la tête.

Il tombe foudroyé. Une balle lui a traversé le crâne.

Un sous-officier le suivait. Blessé à mort, il est achevé par quatre coups de revolver tirés par le sergent Steiner qui avait une vengeance particulière à exercer. Son frère, franc-tireur, avait été fusillé sur la place de Melun.

Non content de cela, un homme ou plutôt une brute, le nommé Petzès, le cloue à terre d'un coup de baïonnette.

Cruauté inutile que nous sommes unanimes à réprouver.

Un troisième cavalier blessé à mort va mourir à une centaine de mètres. Les deux autres parviennent à s'échapper par une rue détournée.

Les deux chevaux de l'officier et du sous-officier tués sont ramenés avec tout leur équipage.

Il est à noter que les éclaireurs prussiens, tant bien montés soient-ils, sont peu ou mal armés. L'officier prussien essaya de tirer avec son pistolet d'arçon sans pouvoir réussir à faire feu. Quant à son mousqueton, il était de toute impossibilité de l'armer.

Nous nous retirons sains et saufs de cette affaire.

Hildenbrand conduit aujourd'hui les trophées d'armes à Tours, d'où il espère rapporter les pistolets que nous a promis la ville.

Après l'action et le retour des hommes à Montigny, Massacry et deux autres déguisés en paysans repartent pour aller chercher du pain que leur avaient offert les habitants d'Illiers, une montre et 400 francs pris à l'ennemi et laissés à la mairie.

A 500 mètres de la ville, ils s'arrêtent et reviennent à toute vitesse.

A la vue de leurs camarades tués, les deux cavaliers qui avaient échappé à nos coups avaient été chercher du renfort et revenaient menaçant de brûler la ville. De là l'hésitation des hommes envoyés à Illiers.

Notre tactique de francs-tireurs étant de ne jamais coucher dans une localité où nous avons fait

un coup de main, nous filons au pas accéléré et allons coucher à Brou, les uns chez l'habitant, les autres à l'hôtel des Trois-Marie, où la plus belle fille du monde nous sert d'hôtesse.

Oh! la belle fille !

8 *novembre*. — La dernière dépêche si consolante est fausse. M. Baudin, maire de Brou, me l'affirme. Tant pis! mais cela ne m'étonne nullement.

Une levée en masse jusqu'à 40 ans est définitivement décrétée. Pourquoi ne pas avoir fait cela plus tôt ?

On manquait d'armes ?

Allons donc ! n'est-ce pas de cœur qu'il faudrait dire plutôt ?

Une guerre de partisans, entretenue depuis deux mois, fût-ce même avec des fusils de chasse seulement, aurait suscité à l'ennemi des obstacles difficiles à surmonter, eût à coup sûr arrêté sa marche, et peut-être aujourd'hui serait-il encore loin de nous.

9 *novembre*. — Nous partons de Brou et arrivons à 11 heures à la Chapelle-Royale, petit bourg, au clocher penché comme la tour de Pise, et situé à 12 kilomètres sud-ouest de Brou.

Le bourg est bondé de mobiles qui vivent grassement depuis douze jours dans ce trou sans plus se préoccuper de la guerre que si elle n'existait pas.

Il est vraiment pénible de voir une telle inaction à quelques lieues à peine de l'ennemi.

Nous sommes obligés de demander l'hospitalité dans une ferme, où un excellent lit de paille nous est fait. C'est toujours cela.

La soirée se passe fort gaîment.

Les uns s'installent sous des berceaux formés par les grands ormes de la cour et font leur cuisine en plein air.

Les feux du bivouac et la lumière blafarde de la lune déchiquetée par les branches, éclairent en le tachant le visage des soldats et rendent des tons rouges et verts d'un effet étrange et presque sauvage.

Les autres, plus heureux, boulotent autour de la grande table de cuisine un assez maigre repas assaisonné de chants patriotiques bien nourris, de jeux de mots et de lazzis plus ou moins spirituels.

Somme toute, beaucoup de gaieté. C'est bien une de nos meilleures soirées jusqu'à présent, soirée que n'a guère pu goûter notre sergent-major et ami Montmignon, malade mais soigné par nos refrains bruyants.

Il s'endort, moi aussi ; bonsoir.

CHAPITRE VI.

Quelques éclopés — Les pontificaux — Bonnes nouvelles
Ah! quel plaisir d'être soldat! — Uhlan
Retour du capitaine — Arrou-les-Oies — Courtalin.

—

10 *novembre.* — Sur l'invitation télégraphi-
que du chef d'état-major Rousseau, nous devions, nous et les francs-tireurs de Flers, nous
rendre à la Chapelle-Royale pour marcher avec la
colonne de reconnaissance du colonel Páris; arrivés trop tard, nous restons ici; du reste, nous attendons l'arrivée du capitaine.

L'état sanitaire commence à devenir moins satisfaisant. La visite constate aujourd'hui une douzaine d'éclopés.

4

Une quantité considérable de troupes, mobiles, cuirassiers, dragons, francs-tireurs, artilleurs, traversent le village, venant de toutes les directions pour se diriger sur Arrou et Courtalin.

Le général Fiéreck commande ces troupes.

Encore un général qui serait mieux coiffé d'un bonnet de coton que d'un képi de général de division.

Que voulez-vous ? mon général, vous avez pu faire un brave soldat, je le crois même. Mais maintenant..... trop vieux, beaucoup trop vieux. Aïe.

1,200 zouaves pontificaux, Charette en tête, suivent de près.

Nouvelles. — Orléans serait débloqué. L'armée prussienne aurait en entier traversé la Loire et se dirigerait vers nous. Le général commandant à Blois aurait quitté Mer, où il avait établi son quartier général, pour marcher sur Châteaudun et barrer le passage aux Prussiens.

On s'attend d'ici quelques jours à une grande bataille.

11 *novembre.* — 6 heures de pluie et de neige, 24 kilomètres de boue sac au dos : voilà le bilan de la journée.

Ah ! quel plaisir d'être soldat !

Dans le trajet de la Chapelle à Brou, Sauvage et moi, détachés comme fourriers, nous trouvons un pauvre chien égaré que nous baptisons Uhlan et

ferons solennellement adopter par toute la compagnie.

A notre arrivée nous apprenons qu'une affaire sérieuse a eu lieu entre Meung, Baccon, Epieds, Menbrolle, Verdes, Moisy et Marchenoir.

Les Prussiens, cantonnés près de Meung, auraient été repoussés jusqu'à Saint-Péravi-la-Colombe et leurs positions de Chartres et des environs reprises par nos troupes.

A huit heures du soir, le capitaine arrive.

Il est temps.

On commençait à murmurer.

Notre sous-lieutenant Robin faisant fonction de lieutenant, en remplacement de Delronge, était chargé du commandement en l'absence du capitaine.

Robin, bon garçon, bon soldat, ancien zouave, pas mal *canaille*, n'a pas ce qu'il faut pour tenir des hommes en respect.

Très-brave et toujours prêt à faire un coup de main, il manque complétement d'autorité morale et ne saurait en imposer.

Hildenbrand rapporte vingt-cinq revolvers Galand que la ville de Tours nous octroie en souvenir de nos premières affaires.

Parfaitement délassés après avoir couché dans un lit, oh! mais un vrai lit, nous partons de Brou pour Châteaudun, départ effectué non sans difficulté.

Pauvre Sauvage! quel mal t'a donné la distribution des guêtres que le capitaine a rapportées de Tours.

Enfin, nous continuons notre route.

Nous traversons Arrou.

Habitants patriotes, héros remarquables.

Ils ne sourcillent pas en présence de l'ennemi, mais ils ont grand'peur de leur ombre.

Un de ces jours derniers, ils ont fui devant une bande d'oies que, dans leur myopie, ils avaient prise pour un escadron de cuirassiers blancs.

(Détail affirmé par un habitant mal intentionné de Courtalin ; sont-ils assez jaloux les uns des autres dans ce pays-là ?)

4.

A Arrou, nous trouvons une demi-batterie d'artillerie à laquelle nous servons d'escorte.

Courtalin. — Arrêtons-nous ici !

Charmante petite ville bien située, sur la rivière d'Hyères.

Le château est une ancienne résidence du dernier duc de Montmorency (branche aînée), et est habité aujourd'hui par le comte de Gontaut-Saint-Blancart.

Le style en est d'une pureté remarquable. Les fenêtres surtout sont splendides.

Figurez-vous une dentelle de pierre sous des festons de verdure.

Une tapisserie de lierre couvre entièrement les façades, et seules les fenêtres et les lucarnes font saillie, comme pour caresser amoureusement l'œil du touriste.

A sept heures du soir, nous arrivons à Châteaudun.

Nous sommes harassés par les nombreuses stations nécessitées par l'artillerie que nous accompagnons.

Etape : 32 kilomètres.

Route longue, mais égayée par la chanson des

Francs-tireurs qu'entonne le sergent Moreau, et dont nous répétons tous le refrain en chœur :

> Les Francs-tireurs
> Sont toujours là,
> Marchant sans peur
> Dans les combats.
> Ils sont heureux,
> Toujours joyeux
> Chantant gaiement
> Le refrain du régiment.

CHAPITRE VII.

Châteaudun — Désastres — Une héroïne — Elections
Bonneval — Préparatifs de défense
Un prisonnier

—

Châteaudun. — Nous couchons dans l'église de Saint-Valérien, sur de la paille qu'il nous a fallu chercher à 4 kilomètres au moins.

J'en sue encore.

La nuit se passe fort bien, sans que le silence le plus absolu, nécessité par la majesté du lieu, ait été toutefois rigoureusement observé... A la guerre comme à la guerre!

M. Allard-Ferré, à qui je vais demander l'hospitalité pour le capitaine et un camarade malade, nous fait très-bon accueil et soulage nos fatigues par des lotions intérieures d'un excellent effet.

13 *novembre.* — Dès le matin, je vais visiter la ville.

Partout des traces d'incendie et de bombardement. Des rues entières sont en ruines, des débris de toutes sortes jonchent le sol encore fumant.

L'hôtel-de-ville porte l'empreinte d'un nombre considérable de projectiles. Plusieurs attributs décorant la fontaine de la place sont détruits ou mutilés. Les deux grandes rues de Chartres et d'Orléans sont complétement anéanties. Il ne reste que des murailles effondrées toutes noires encore de fumée.

L'hôtel du Grand-Monarque est une preuve vivante de la brutalité des sauvages qui ont dévasté Châteaudun.

Les Prussiens, après s'être fait traiter comme de grands seigneurs et s'être soûlés comme des cochons, ont mis, *à la main,* le feu à chaque étage de l'hôtel, malgré toutes les protestations et les prières de Mme Sénéchal.

Pauvre femme affolée de douleur et de peur, elle avait consenti à toutes les exigences de ces misérables pour qu'ils respectassent sa maison et sa personne. Sa personne le fut. Quant à sa maison, à mesure qu'on éteignait le feu dans une chambre, il reprenait dans une autre, attisé par ces bandits.

Un cheval à moitié rôti pourrit encore dans l'écurie et sert d'aliment à toute sorte de vermine.

193 maisons furent ainsi brûlées par le feu mis à la main.

Quelques habitants furent forcés de le mettre eux-mêmes à leur propriété pour avoir la vie sauve. Une vingtaine d'habitations seulement furent détruites par les bombes et les boulets.

Les monuments publics, les églises surtout, portent des traces de bombardement.

Plusieurs personnes ont été brûlées dans leurs caves, et aujourd'hui encore on retire des cadavres enfouis sous les décombres.

Un vieillard paralytique a été brûlé dans son lit. Deux Prussiens avaient trouvé très-amusant de mettre le feu à sa paillasse avec des torches enduites de pétrole.

Honte au vainqueur !

Honneur à Châteaudun !

Habitants héroïques, votre cité grandit sur ses ruines !

Vous avez montré ce que peut une poignée d'hommes de cœur contre une horde de sauvages.

Vous étiez 1,200.

Eux 7,000.

Le monde entier vous admire.

Vos morts ont gagné l'immortalité.

Les dévouements ont été sans nombre. On cite surtout l'héroïsme de Mlle Lefrou.

Cette jeune fille, âgée de dix-sept ans seulement, a, toute la durée de l'action, distribué des cartouches aux défenseurs de la barricade de la rue de Chartres.

Les francs-tireurs de Paris ont été superbes d'entrain et de bravoure.

. . . .

A dix heures, revue par le général Fiéreck accompagné du colonel Rousseau.

A onze heures, élévation de Montmignon au grade de sous-lieutenant; Suppligeon est nommé sergent-major.

A midi, nous quittons Châteaudun pour gagner Bonneval, où nous parvenons à la nuit, après avoir traversé Marboué et Flacey.

A l'instant où nous arrivons, les francs-tireurs de Nice tuent un cavalier prussien en face de la gare.

Sans perdre de temps, le capitaine organise les postes. Le poste principal est placé au centre de la ville, à l'hôtel de France, tenu par Mme Moreau.

A peine installés, un dragon bleu nous est amené par des paysans.

C'est un garçon de vingt et un ans, à figure de jeune fille.

Nous le faisons questionner par Bœtsch, notre interprète, grand gaillard fort intelligent qui connaît plusieurs langues.

Le prisonnier nous demande si nous ne connaissons pas des francs-tireurs et nous avoue très-naïvement que le portrait qu'on en fait dans le camp prussien les représente comme de véritables bêtes fauves.

Nous rions bien, et quand nous lui déclarons que ce sont des chenapans de cette espèce qui le tiennent en leur pouvoir, il ne peut dissimuler une impression pénible, que dissipe bientôt la façon dont nous le traitons.

On craint une attaque de nuit.

Pour être tout prêt, je couche au poste, après avoir obtenu de l'hôtesse un bonnet de coton, que ma diplomatie a vaillamment enlevé de son armoire.

Dix minutes sur la paille et je dors. . . . . .

. . . .

A deux heures du matin, je me sens tapoter le ventre.

— Qu'est-ce que c'est?...

5

Je bâille sans m'éveiller, j'entr'ouvre les yeux sans voir. A peine si mes oreilles perçoivent un son vague.

C'est encore un Prussien qui, venant d'être fait prisonnier, crie comme un sourd : Camarates! camarates! croyant que ces vociférations l'empêcheront d'être fusillé.

Il n'a pas besoin de crier si fort pour cela. Nous n'avons pas l'intention de l'occire. Il s'en aperçoit. Il rit, mais je ne sais si je dois lui pardonner sa façon indiscrète de réveiller les gens en leur tapant sur le ventre.

CHAPITRE VIII.

La Chaise — Mérogée
Nouvelles élections — Coulmiers — Bernard von Plessen
Aigneville — Détails sur Metz — Le Péruchet
Dix heures de faction dans un clocher
Pré-St-Évroult
Humanité prussienne — Retour à Bonneval
Visite à l'hôpital.

13 *novembre.* — Nous poussons une reconnaissance jusqu'à Moriés, petit village situé à six
kilomètres est de Bonneval.

Nous rencontrons les Prussiens (60 à 80 uhlans)
à trois kilomètres de cette ville, à la ferme de la
Chaise.

Postés dans la ferme, nous laissons approcher
leur avant-garde et tirons ; nous blessons plusieurs
cavaliers, mais aucun ne reste sur le terrain.

Ce résultat n'est pas celui que nous devions

obtenir : avec moins de précipitation, nous aurions pu faire prisonnière toute l'avant-garde et
attendre la colonne pour l'attaquer. Un coup de
feu trop prompt a tout fait manquer, car à la première alerte ces messieurs ont détalé au plus vite.

Mauvaise journée.

Toutefois, nous ramenons un prisonnier, arrêté
par les paysans. Ces pauvres Prussiens sont en
guenille, sans courage, sans munitions. Pour les
laisser venir jusqu'ici, n'a-t-il pas fallu y mettre
quelque complaisance?

A notre retour, nous rencontrons les francs-
tireurs de Caen, et Robin avec notre poste, qui
nous communiquent la dépêche suivante, envoyée
de Moriés par l'officier de Nice : « Venez au plus
tôt, nous sommes cernés. » Nous courons et dé-
gageons nos camarades sans coup férir, l'ennemi
s'étant enfui à notre approche.

D'ici à quelques jours, on espère que l'armée
française prendra l'offensive. — Enfin !

Il est du reste parfaitement sûr que l'ennemi
exécute un mouvement de recul.

14 *novembre*. — Encore une assez mauvaise
journée.

Embusqués dans une carrière au bord de la route de Pré-Saint-Evroult, nous voyons venir à nous un parti de vingt-quatre uhlans que nous aurions pu tuer ou prendre tous. Nous tirons encore trop tôt : ils s'enfuient, abandonnant deux morts, quatre blessés, un prisonnier.

Cette petite affaire peut s'appeler *affaire Mérogée,* du nom d'une ferme située tout près de la carrière où nous étions embusqués.

Le uhlan que nous ramenons est un sous-officier de figure avenante et très-élégamment vêtu. Le pauvre garçon a essuyé en se sauvant plus de dix coups de feu qui ne l'ont pas atteint, il s'est

5.

retourné et, joignant les mains d'un air de suppli-
cation, nous a fait connaître qu'il se rendait.

A notre retour, élections de deux sous-officiers et d'un caporal. — Sergent-fourrier, Sauvage. Caporal-fourrier, Michel. Caporaux, Boisseau, Devien, Faucillon, Blondeau, Mimot,
Fournier.

Nous apprenons que deux des Allemands que
nous avons blessés dans l'engagement d'hier, ne
pouvant poursuivre leur fuite, ont dû s'arrêter
dans une ferme et ont été mis aujourd'hui à la disposition des autorités.

On annonce d'un autre côté que l'armée
française a remporté un succès sérieux entre Châteaudun et Orléans.

L'affaire, commencée à Baccon, ne s'est terminée que le soir à Coulmiers.

Ce village, centre de la résistance de l'ennemi, a
été enlevé à la baïonnette par le 22e régiment de
mobiles.

Bravo, moblots.

Ils ont fait environ mille prisonniers tant bavarois que-prussiens proprement dits.

Tous nos corps de nouvelle formation ont
montré de l'élan et de la solidité.

Il ne faut que vouloir pour vaincre.

Des armes, tous les hommes valides à l'armée, toutes les ressources du pays appliquées à vêtir, équiper et nourrir les combattants, et dans quinze jours Paris est débloqué, dans un mois la France purgée de l'étranger.

15 *novembre*. — En excursion du côté du Pré-Saint-Martin, nous apercevons neuf uhlans à grande distance. Nous faisons feu sans résultat appréciable.

Les francs-tireurs de Nice ramènent blessé un lieutenant de uhlans, le baron Bernard von Plessen. Il a reçu deux balles dans les cuisses et une dans l'aine. Il aura de la chance s'il n'en crève pas.

Le baron paraît avoir une trentaine d'années, il a l'air dur d'un breteur et les mains effilées d'une petite maîtresse. C'est un parent de Bismarck. Il jure, tempête, et envoie à tous les diables les soldats qui l'ont abandonné. Pourtant son ordonnance a été tué en voulant le sauver.

Il est vrai que comme compensation il appelle toutes les malédictions divines sur les francs-tireurs qui l'ont pris.

Pauvre baron, vous êtes bien difficile à contenter ! — et le bon Dieu a du temps à perdre s'il
écoute vos prières et vos balivernes.

L'ambulance prussienne le fait réclamer par
l'intermédiaire d'un prêtre attaché à l'ambulance
de Reverseaux, appartenant à M. de Gouvion-
Saint-Cyr.

Les autorités refusent. Elles font bien.

16 novembre. — Pas de chance : bredouille !
Dix heures de faction avec Suppligeon dans
le clocher de Pré-Saint-Evroult, l'œil à ma lor-
gnette..., l'oreille tendue...

C'est dégoûtant...

Rien...

Ah ! si, pardon...

De fort loin, nous apercevons une demi-dou-
zaine de cavaliers ennemis, mais ils ne daignent
pas nous faire visite.

Auraient-ils été prévenus de notre présence dans
le village?...

Toujours est-il que l'un d'eux resta plus de six
heures en vedette entre deux moulins.

Je ne veux pas oublier les bons soins de l'insti-
tuteur.

Grâce à lui, nous n'avons eu à souffrir ni du froid ni de la faim.

La compagnie, de son côté, barbotait dans une carrière où elle était embusquée.

Les hommes piétinaient sur place et soufflaient dans leurs doigts.

Très-gaie, l'embuscade !

Cette journée est attristée par une condamnation *sommaire*.

Un caporal est dégradé publiquement sans acte d'accusation. Déplorable !

17 *novembre*. — Nous partons de Bonneval après déjeuner, traversons Moriés et gagnons à travers champs Aigneville où nous couchons.

Un numéro du 11 novembre de l'*Union
libérale* nous apporte des détails navrants sur la
capitulation de Metz.

Pauvre Metz! Metz la Pucelle! Bazaine parjure
a maculé ta robe virginale !

18 *novembre*. — Dans la matinée, rien.

A midi, hissés sur les toits (il n'y a pas de clocher dans ce pays-là), nous voyons très-distinctement une troupe de uhlans forte de 800 environ.

Ils se dirigent sur Bonneval, traversent le Perruchet qu'ils incendient en passant.

Une heure. — Le capitaine, parti hier soir à
Bonneval pour service, n'est pas de retour. Que
devient-il ?

Nous sommes inquiets. A quatre kilomètres du
foyer de l'incendie, qu'allons-nous faire ?... Nous
demandons à marcher. Le lieutenant Robin bondit, mais il a reçu du capitaine défense expresse
de bouger. Vieux soldat, il ne connaît que la consigne avant tout !

Deux heures. — Les Prussiens retournent sur
Chartres et se dissimulent sur la lisière d'un
bois. Ils ont de l'artillerie. Nous entendons du

village quelques coups de canon. L'incendie continue.

Quatre heures. — Nous recevons l'ordre de retourner à Bonneval en suivant la ligne du chemin
de fer.

Un brouillard intense nous accompagne et
nous conduit à la ville.

A peine si l'incendie de six à sept fermes perce
l'obscurité.

Les misérables, non contents de brûler le ha-
meau du Perruchet, ont mis le feu à toutes les
habitations isolées et ont presque assassiné un

vieux cantonnier, le nommé Huart, et un jeune idiot, appelé Gaudichau-Plard.

Comme compensation, les Allemands nourriront à leurs frais le père Gaudichau...

En Prusse, bien entendu...

Toujours généreux, messieurs les Prussiens...

Canailles !!!

Un enfant a été par eux arraché du sein de sa mère et précipité sur le pavé.

C'est ignoble.

Nous nous vengerons et, si demain le feu est mis à Bonneval comme ils en ont fait la menace, nous tuerons dans son lit l'officier prussien, si malade qu'il soit et malgré sa souche princière.

Il en est prévenu et a écrit *spontanément* à ce sujet au général Van der Thann une lettre dont la teneur est à peu près ceci :

« Monseigneur, vous avez envoyé aujourd'hui des troupes pour me délivrer. Ces troupes ont commis des atrocités sur leur passage. Elles ont brûlé, volé, assassiné, au Perruchet, et menacé d'incendier Bonneval.

« Si demain une bombe est lancée sur la ville, je payerai de ma vie tous ces crimes. »

. . . .

Il est bien fâcheux qu'aujourd'hui les trois compagnies Nice, Flers et Tours n'aient pas reçu d'ordre, car les uhlans, repoussés sur la route de Chartres par les fusiliers marins, auraient été pris en flanc et mis en désordre.

A neuf heures du soir, je sors de l'hospice militaire. J'ai rendu visite aux deux malheureuses victimes des Prussiens. Les infâmes ont mutilé à coups de sabre et de revolver deux hommes complétement inoffensifs, malgré les cheveux blancs de l'un et l'infirmité de l'autre.

Il faudrait vraiment manquer de cœur pour avoir pitié de nos ennemis.

⸺⸺♦∘○∘♦⸺⸺

6

CHAPITRE IX

Alluyes — Le gué du Loir — L'éclaireur Palatre
Les cochons — Renforts — Compagnie de la Liche
Montboissier — Bois de Fugères
Un coq amoureux — Exploit d'un lignard.

—

19 *novembre.* — Hildenbrand arrive à deux
heures du matin de Châteaudun, où il a été
réclamer des forces suffisantes pour en imposer
aux Prussiens et empêcher la destruction de
Bonneval.

Nous partons à midi pour faire une excursion
sur la route d'Illiers.

A l'extrémité du parc Montboissier (4 kilomètres de Bonneval), nous trouvons une barricade très-intelligemment faite avec des platanes

énormes et le parapet d'un pont, le pont de l'Isle, situé sur le Loir. Une barricade ainsi construite défie toute cavalerie.

Nous arrivons à Alluyes.

Placés en observation, Sauvage et moi, sur une vieille tour énorme qui date de Louis XIII, nous sommes comme sœur Anne, et ne voyons rien venir.

De cette tour, nous découvrons Bonneval, Illiers, Saumeray, Ermenonville, et jusqu'aux clochers de Chartres que nous distinguons parfaitement.

Illiers a eu hier l'honneur d'un commencement de bombardement, pas méchant du reste.

La mobile ayant repoussé l'ennemi, le Prussien n'a pas eu le temps d'achever son œuvre de destruction.

Aujourd'hui nous avons voulu trop bien faire, nous aurions pu tirer sur sept uhlans à 500 mètres ; par gourmandise, nous avons voulu attraper toute la troupe et nous n'avons rien eu.

Nous rentrons à Bonneval, crottés, *guenés*, las et mécontents.

Six heures de marche à travers champs. — Le Loir traversé, de l'eau jusqu'aux genoux, revenir sans gibier. — Ce n'est pas encourageant. — Les cavaliers prussiens se sauvent avec une ardeur à nulle autre pareille.

Une anecdote entre mille :

Après avoir enjambé le Loir, nous nous couchons à plat ventre dans des terres labourées, tout près d'une ferme. Nous sommes là depuis quelque temps, barbotant dans la boue jusqu'au cou, quand soudain Palatre, vieux soldat, jeune sergent, s'approche magistralement du capitaine et lui dit :

« Capitaine, *voilliez* cette ferme. Eh bien! de ce côté j'entends parler prussien. Laissez-moi seul explorer les alentours de ces habitations.

— Allez, allez, Palatre.

— Merci, capitaine. »

Et voilà Palatre parti.

Chut ! — Pas de bruit. — Il furette à droite, à gauche. — Chut! — J'entends grogner : « Halte là, qui vive ?»

Nous, inquiets, anxieux, nous retenons notre respiration et nous préparons à tirer.

« Qui vive ? — qui vive ? — ou je fais feu! »

Rien que les mêmes grognements.

Palatre revient fier de son expédition.

« Ce n'est rien, capitaine, sauf votre respect que ce sont des cochons ! »

20 *novembre*. — Les renforts demandés arrivent : 1,000 zouaves pontificaux, 1,000 fusiliers marins, le 5e régiment cavalerie mixte, le 46e infanterie de marche. Avec cela, marchez, messieurs nos ennemis.

Nous nous reposons aujourd'hui ou du moins nous croyons nous reposer, car une alerte nous met sur pied. — Rien.

Nous revenons.

Nous arrêtons M. de Messiessye, ex-capitaine de vaisseau, démissionnaire lors du siége de Gaëte, gendre du comte de Leusse de Colbert et propriétaire du château de Montboissier.

6.

Une partie de la population l'accuse d'avoir des accointances avec l'ennemi.

La compagnie de francs-tireurs de Caen est licenciée : capitaine *la Cuite*, compagnie de *la Liche*.

(Malgré cette dénomination, il ne manque pas de braves soldats dans cette compagnie.)

Plusieurs d'entre eux demandent à entrer chez nous. Deux sont reçus, Algrade et Tostain, dit le *Point-de-Mire*, à cause de sa haute taille.

Le canon gronde du côté d'Illiers. Ces animaux de Prussiens auraient-ils juré sa destruction?

Ce serait assez bon signe. L'ennemi, las d'être harcelé, abandonne rarement un pays sans l'avoir préalablement brûlé et bombardé. Et souvent bombardement et incendie sont signes d'insuccès.

La 1re compagnie des francs-tireurs de la Sarthe est dissoute (1). Le décret porte : «manque d'énergie devant l'ennemi.»

Les éclaireurs de la Sarthe ont perdu deux hommes. Ces deux hommes, qui étaient partis

_____

(1) Ce décret fut rapporté quelques jours après, cette compagnie ayant réparé sa conduite par un combat en avant d'Orléans.

aux renseignements déguisés en paysans, n'ont pas reparu depuis deux jours. On suppose qu'ils ont été faits prisonniers. Puissent-ils être traités comme nous traitons les prisonniers prussiens!

La ligne du chemin de fer est rétablie jusqu'à Châteaudun.

Monsieur de Messiessye est relâché.

Sa culpabilité n'est pas reconnue.

21 *novembre.* — Nous faisons aujourd'hui une reconnaissance assez audacieuse.

Partis dès le matin avec les francs-tireurs de Nice et de Flers, nous rencontrons l'ennemi sur la route de Chartres, entre Montboissier et le bois de Fugères.

Quelques éclaireurs à cheval nous précèdent. A midi, trois escadrons de cuirassiers blancs descendent la côte du village; à droite, à gauche, partout au loin des vedettes prussiennes.

C'est un vrai bonheur.

Nous laissons approcher les cuirassiers.

Feu !

Aux premiers coups tirés par les francs-tireurs de Flers et l'un de nous (Doisteau), placé en avant sur un petit monticule, quelques cavaliers prussiens s'inclinent sur leurs chevaux. Un trompette frappé par Doisteau reste blessé entre nos mains. Un cheval tombe à 100 mètres pour ne plus se relever. Les autres détalent au plus vite.

La cavalerie et l'infanterie française croyant à un engagement sérieux viennent pour nous renforcer. Mais elles ne donnent pas et de Conrard imitent le silence prudent.

Seuls nous avançons toujours, laissant derrière nous l'armée régulière.

Une seconde décharge couche sur le terrain une douzaine de chevaux et de cavaliers, sans que nous ayons eu à recevoir leur feu.

Quelques coups sont encore tirés à distance considérable sans qu'il nous soit possible d'en constater le résultat.

Nous songeons au retour, mais avant nous dépeçons un cheval dont nous nous pourlécherons les lèvres après quelques jours de marinade.

Une douzaine de cavaliers prussiens nous suivent pour observer notre retraite. Nous restons quatre derrière la compagnie (Doisteau, Hubert, Moreau, Michel), et rampons dans un fossé pour les canarder au passage, mais pas un ne vient jusqu'à nous. Se sont-ils doutés de notre embuscade ?

A 1,500 mètres environ ils tournent bride.

Tant pis, nous aurions tant aimé à revenir avec nos victimes.

A défaut de Prussiens nous ramenons prisonnier à Bonneval un coq qui conduisait amoureusement 3 poules dans le sentier du déshonneur.

Bilan de la journée. 12 hommes tués par nous, autant de chevaux ; blessés, nous n'en connaissons pas le nombre.

Le métier de militaire est vraiment un bien charmant métier.

Ils sont très-forts les lignards. L'un d'eux, sergent, a tiré à 200 mètres à peine sur notre cavalerie 4 coups de fusil sans rien atteindre fort heureusement. Il a été arrêté par deux des nôtres. J'espère bien que son état d'ivresse ne sera pas considéré comme une excuse pour lui. Pourtant la discipline est telle que je ne serais pas étonné qu'il restât impuni.

Si dans cette journée la troupe avait eu un peu d'énergie, au lieu de se *replier en bon ordre*, nous aurions fait en avant un mouvement beaucoup plus prononcé et, au lieu de coucher à Bonneval, nous aurions couché ce soir au bois de Fugères, à 5 lieues de Chartres.

Nous venons de faire l'inventaire des fontes d'un cavalier allemand.

On a trouvé un tas de bibelots, des londrès, fort bons du reste, un livre de prières, un jeu de cartes, des images et un scapulaire. Dans sa giberne, 9 cartouches, le conte du *Petit Chaperon rouge* et un tuyau de clysopompe. L'infortuné l'avait probablement pris pour un tuyau de pipe.

CHAPITRE X.

Escarmouche — Marches et contremarches
Deux espions précoces — Un duel entre locomotives
Rrran! — Un Schnapsack
Réclamations — Le commandant Collet.

—

22 *novembre*. — Journée détestable : temps affreux ; onze heures de marches et contre-marches ridicules avec une pluie battante sur le dos.

Nous sommes partis ce matin et nous nous sommes avancés tout près des avant-postes prussiens. Nous n'avons eu qu'une escarmouche insignifiante.

Ces messieurs auraient bien voulu nous attirer jusqu'à leur camp; mais n'ayant personne derrière nous pour nous appuyer en cas de besoin, nous avons gagné Montboissier ; à peine y étions-nous installés, qu'un ordre vint de nous replier sur la route de Châteaudun.

Qu'y faire, grand Dieu ?

Nous faisons 4 kilomètres, toujours avec la pluie sur le dos. Contre-ordre. Nous retournons sur Bonneval.

Ces marches et contre-marches eussent été compréhensibles si elles avaient eu pour but de tromper l'ennemi et de l'attirer dans Bonneval pour l'y cerner à la tombée de la nuit.

Mais pas du tout. Nous arrivons au grand jour, au vu et su de tout le monde, avec des forces assez considérables : 3 à 4,000 hommes, cavalerie, infanterie et un petit peu d'artillerie.

Très-certainement les Prussiens en sont déjà avertis, car ils emploient tous les moyens d'espionnage connus et inconnus : les femmes, les enfants surtout leur sont d'une grande utilité.

Aujourd'hui encore nous avons arrêté deux jeunes drôles que nous avons eu le tort de relâcher. Ces moutards allaient à Montboissier acheter, disaient-ils, du tabac ; aussitôt relâchés, ils gagnèrent les champs pour rejoindre une sentinelle prussienne que nous aperçûmes au loin.

Furieux, le sergent Moreau tira sur eux sans les

atteindre. Il est triste d'en arriver à de semblables extrémités sur des enfants ; mais valait-il mieux sacrifier toute une compagnie.

Malgré le mauvais temps, nous avons eu cependant un instant de gaieté.

Un rayon de soleil couchant éclairait notre rentrée à Bonneval. Nos chants patriotiques, les drapeaux déployés, le reflet de nos armes, tout cela animait la situation et nous mettait du chien au ventre.

A l'arrivée, nous recevons ordre de repartir sur-le-champ pour Marboué. Est-ce possible?

Commandant, vous voulez donc nous faire crever. Donnez-nous au moins le temps de nous sécher, car vraiment la chaleur de notre corps fait trembler nos vareuses. Le commandant comprit nos justes plaintes et droit fut fait à la réclamation de notre capitaine.

Depuis que nous sommes partis, nous n'avons pas eu encore de repos. Marcher toujours en avant, c'est très-beau, mais très-fatigant, et si cela devait durer, nous serions obligés de laisser des traînards derrière nous, ce que nous voulons éviter à tout prix.

Le commandant, du reste, paraît content de

nous et, après avoir félicité la compagnie dans la personne d'Hildenbrand, il blâme publiquement la ligne de nous avoir laissé l'honneur d'ouvrir le feu dans la petite affaire de Montboissier.

Une locomotive montée par des officiers prussiens est venue aujourd'hui à 6 kilomètres de Bonneval. Une locomotive française est allée jusqu'au Moriers. Peu s'en fallut qu'il ne s'ensuivit entre elles un duel d'un genre tout nouveau.

On parle d'insuccès et d'un succès entre Dreux et La Ferté. Rien de certain à cet égard.

23 *novembre.* — A 3 heures du matin, quelques hommes de la compagnie, conduits par Lucien Vernier, chef de district à Bonneval, déclissent (1) la voie à 3 kilomètres de la ville.

Gare au déraillement si la locomotive prussienne revient.

Bien avant le jour, nous quittons Bonneval, et traversons le Perruchet. Pauvre Perruchet !

Nous nous embusquons, partie dans une carrière qui longe la voie, partie dans la maisonnette du garde-barrière. Nous attendons vainement jusqu'à midi. A deux heures, rien encore. Enfin

(1) Dévisser, déboulonner les rails sans les déplacer.

se présentent des cavaliers ennemis. R'ran. 6 Allemands par terre.

Bien entendu, nous n'attendons plus de locomotive. Nous gagnons la route de Chartres. — Un cuirassier blanc vagabonde au loin, à mille mètres environ. Feu de peloton, et mon gaillard

de dégringoler de son cheval. Nous courons à lui. Une balle a frappé en plein sa cuirasse sans la percer : le projectile y a seulement creusé une cavité, où l'on pourrait loger un gros œuf de poule.

Notre cuirassier n'est ni mort ni blessé, mais simplement étourdi. Il est soûl comme un Prussien qu'il est, et sue l'eau-de-vie par tous les pores ; nous le ramenons à Bonneval, titubant encore. Boetch l'interroge, mais ne peut rien en tirer.

Nous rentrons tout joyeux.

Cette joie ne doit pas être de longue durée.

Ordre de nous replier sur Marboué avec toute la troupe. Evacuation complète. Pas un soldat ne reste à Bonneval. Pauvre ville, que va-t-elle devenir ? Nous la quittons le cœur serré, car nous y avons été reçus comme des libérateurs. Chaque maison nous a fêté, et partout chez l'habitant nous avons retrouvé notre famille. Les prévenances de toutes sortes ont atténué nos fatigues de chaque jour.

. . . .

Pas d'entente, pas d'ordre, partout de l'indécision dans le commandement.

Le cœur saigne : le courage reste impuissant, et pourtant ce ne sont pas les dévouements qui manquent.

Je me fais presque l'idée d'une déroute, après ce qui vient de se passer.

Les habitants déménagent et nous suivent. Les femmes pleurent, les maris jurent, les enfants braillent.

Tout le long du chemin, des traînards.

Un mot d'un soldat couché sur un mètre de

pierres : « Qui vive ! crie notre avant-garde, en présence d'un groupe que nous ne reconnaissons pas ? — Des Français éreintés, répond l'homme couché. » Cela peint la situation.

Nous arrivons fort tard à Marboué, où nous avons toutes les peines du monde à trouver un gîte, peu d'abris et pas de confortable du tout.

24 *novembre*. — Repos à Marboué. Agglomération assez considérable de troupes commandées par le général de Sonis. Le soir, chose incroyable, nous recevons l'ordre de retourner sur Bonneval. Nous protestons, car il nous est impossible de continuer notre guerre de partisans dans de semblables conditions. Nous adressons au commandant Collet la pétition suivante :

« Commandant,

» Nous avons l'honneur de vous exposer les motifs pour lesquels nous désirons ne pas retourner à Bonneval.

» Depuis une quinzaine de jours, nous marchons dans ce pays à la recherche de l'ennemi, et avons eu la satisfaction de l'atteindre plusieurs fois. A différentes reprises, nous avons opéré de con-

cert avec l'armée, et hier encore nous poussions
une heureuse reconnaissance sur le Moriers.

» Après nous être retirés deux fois de Bonneval, sur ordre, nous sommes de nouveau dirigés
sur cette ville.

» Pourquoi, alors, avoir évacué une position
occupée par des forces relativement considérables? — C'est que probablement elles n'étaient
pas reconnues suffisantes pour défendre une ville
ouverte de tous côtés et située dans un bas-fond.
Dans de semblables circonstances, une poignée
d'hommes, tant braves soient-ils, ne sauraient que
stérilement sacrifier leur vie.

» Commandant, la peur ne nous dicte point ces
paroles. Nous avons déjà fait nos preuves, mais
nous voulons que notre sang versé soit vendu et
chèrement vendu.

» D'un autre côté, la compagnie est éreintée
par trente jours de marche et de lutte presque
sans repos.

» Quelques journées suffiraient pour nous re-
faire un peu. L'hiver s'avance. Des vêtements
chauds nous sont absolument nécessaires pour
supporter sans trop de souffrances les difficultés
d'une campagne longue et laborieuse.

» En conséquence, nous vous prions de nous diriger sur Tours, où nous trouverons tout ce dont nous avons besoin.

» Toutefois, quelle que soit votre décision, nous nous conformerons sans murmurer aux ordres que vous voudrez bien donner à notre capitaine.

» Veuillez agréer, commandant, etc., etc. »

Cette pétition le fait trépigner comme un cheval de bataille piqué au flanc.

Il est vraiment beau dans sa colère, le commandant!

Vieux et brave marin, républicain et Français avant tout, en présence des désastres de la France, il a offert ses services et son épée au pays, malgré les blessures qui l'honorent et les infirmités qui l'éprouvent; aussi ne peut-il supporter de restriction dans les dévouements.

Il s'apaise cependant peu à peu, mais maintient sa résolution de nous faire défendre la malheureuse ville que nous avons abandonnée malgré nous; il nous enverra seulement chaque jour un escadron de cavalerie pour nous renforcer, s'il en est besoin.

CHAPITRE XI

Marche sur Brou — Logron — Combat d'Yèvres

—

25 *novembre*. — Yèvres. A quatre heures, le réveil. Nous croyons exécuter l'ordre donné et retourner sur Bonneval; mais, pas du tout, contre-ordre encore.

Nous filons sur Brou, occupé par les Prussiens.

Marchons! Pas de réplique. Incorporés dans l'armée régulière, nous sommes devenus des numéros; — avec ou sans troupes, il nous faut agir.

Francs-tireurs, marins, ligne, mobile, cavale-

rie, artillerie, 8000 hommes environ, 1000 chevaux, tout se met en route (3ᵉ division du
17ᵉ corps, brigades Collet et Sautereau).

Halte à Logron. — A neuf heures, nous man-
geons sur le pouce un peu de pain que nous n'a-
vons pas volé, malgré la réputation de chapar-

deurs dont les francs-tireurs en général ont été
gratifiés. Ce pain nous a modestement coûté un
franc le kilogramme.

A onze heures, formation du corps d'armée en
bataille.

Les fusiliers marins sont en tête de colonne sur
la route de Brou; une de leur compagnie s'é-
chelonne en tirailleurs dans la plaine, à sa droite.
Nous prenons position; à notre droite, une com-

pagnie de zouaves pontificaux. Nous tenons donc
le centre de la ligne de tirailleurs ; derrière, nos
pelotons de soutien et le régiment de zouaves pontificaux.

En seconde ligne, les chasseurs à pied, le 46ᵉ de
marche, la mobile et deux compagnies de francs-
tireurs, les francs-tireurs de Limoges et la compagnie Barbier, de Tours.

Sur la route, la cavalerie. Puis l'artillerie.
C'est splendide.

En avant !

Quelle marche ! Nous enfonçons jusqu'à mi-
jambe dans les terres détrempées. Heureux qui
peut retirer ses chaussures de cette boue délayée !
Nous fouillons ainsi tous les bouquets de bois
qui se trouvent sur notre passage, afin de nous
assurer de leur innocence.

Vers une heure, toujours pataugeant dans la
boue, nous arrivons aux hauteurs qui couronnent Yèvres, petit village situé à deux kilomètres
de Brou, sur la route de Bonneval.

L'ennemi nous aperçoit et nous accueille aussitôt par une musique formidable qu'accompagne
une pluie de projectiles de toute sorte.

Je croyais avoir reçu le baptême du feu. Mais

non. Je n'avais jamais entendu siffler les bombes ni éclater les obus.

Ma parole d'honneur, je crois que j'ai peur. Tant pis, marche toujours. Fais par amour-propre ce que tu ne ferais pas par bravoure. La bravoure, le courage, cela existe-t-il réellement? N'est-ce pas tout simplement la domination de la volonté sur la peur?

Un homme qui a peur est un lâche, cent hommes qui ont le trac font cent braves.

Tour à tour, debout ou à plat ventre, suivant l'ordre du capitaine, nous avançons quand même. Une bombe coupe les branches d'un pommier, sous lequel je passe avec Hildenbrand, et fait pleuvoir sur nos têtes les fruits qui restaient encore dans l'arbre. Singulière récolte!

Nous allons ainsi jusqu'à la lisière d'un bois qui longe la petite rivière de l'Ozanne.

Les pontificaux suivent et s'installent à notre droite.

Les obus pleuvent toujours, passent par-dessus nos têtes et vont atteindre le peloton de soutien des pontificaux et les fusiliers marins.

Au coin du bois, nous tirons tour à tour sur une batterie prussienne, placée en face de nous, à mille ou douze cents mètres, et sommes assez heureux pour abattre quelques artilleurs allemands.

De notre côté, pas encore un coup de canon. Nous attendons dans la plus grande anxiété.

Trois heures. — Enfin le premier coup part. Nos cœurs se sentent soulagés d'un poids immense. Vive la France! crie toute l'armée. Vive Pie IX ! ajoutent les pontificaux.

L'artillerie française ne pouvant s'engager dans des terres détrempées, a été obligée de suivre les détours de la route et vient seulement de prendre position. Aussitôt elle répond vigoureusement aux batteries ennemies.

Il était temps. Un mouvement de recul commençait à se produire, et le mot *retraite* circulait dans les rangs. Placés en avant à cent mètres au moins des autres troupes, nous tenons ferme pendant que seul le lieutenant Robin va prendre des informations et des ordres au milieu de la mitraille qui pleut autour de lui.

Il revient au bout de quelques minutes : « Tout va bien. »

En avant ! — Nous courons et les premiers nous traversons la rivière sur une sorte de passe-

relle en bois. Les zouaves de Charette nous accompagnent. Les marins et un régiment de ligne se jettent dans l'eau et traversent à gué.

Nous sommes sur l'ennemi. Il s'enfuit précipitamment, laissant sur le terrain quelques morts et blessés. L'un d'eux, un dragon bleu, l'épaule brisée par un éclat d'obus, gît à côté de son cheval mort. Nous le relevons, Sauvage, Bourchet, aide-major, et moi. « Capout » — tel est le seul cri qu'il articule au milieu de ses gémissements. « Non, vous, pas capout; nous, bons Français; nix capout, » lui répondons-nous. Il reprend assurance et nous le faisons transporter dans une ferme voisine où il mourra probablement, car il est fortement endommagé.

Nous poussons toujours en avant. A notre gauche plusieurs voitures sortent de Brou. Nous nous élançons à leur poursuite. Une escorte de cavalerie prussienne les accompagne. Nous tirons dessus. Elle fuit, abandonnant ses voitures; mais au moment où nous allons nous en emparer, nous sommes devancés par quelques éclaireurs à cheval de la Gironde qui, arrivant premiers, se croient autorisés à prendre le convoi. Prenez, messieurs, pas de discussions sur le champ de bataille. Mais permettez-nous de vous dire que seul notre feu a mis l'escorte en fuite.

Les Allemands sont délogés des hauteurs d'Yèvres. Bon résultat qui eût été meilleur si notre cavalerie, poursuivant l'ennemi, lui eût coupé la retraite.

L'un de nous, Gourmel, que nous n'avions pas vu tout le temps du combat, ramène un Bavarois royal avec son cheval.

A la nuit, nous arrivons à Brou, juste à temps pour manger le dîner préparé pour les Prussiens et coucher dans leurs lits, sinon dans leurs draps. Heureux changement de décors pour les habitants qui nous reconnaissent et nous acclament à notre arrivée.

Nous venons donc d'assister à un véritable combat d'artillerie, et pourtant peu de morts, peu de blessés de part et d'autre. Boulets et obus font beaucoup de bruit, mais peu de besogne relativement au nombre de coups tirés. Du reste, la terre était tellement molle que les obus, pénétrant très-profondément dans le sol, n'éclataient pas ou, s'ils éclataient, crachaient en l'air sans grande force de projection. De là le nombre restreint des victimes.

Nos intrépides marins ont un peu souffert. Les volontaires de l'Ouest (zouaves pontificaux) se sont bien conduits, vingt-trois des leurs ont été

trappés. Quant à Charette, leur commandant, je ne pense pas qu'on puisse faire meilleure contenance au feu. C'est un brave.

Dans notre compagnie, quelques égratignures

un éclat d'obus a caressé la main d'un franc-
tireur, avant d'aller casser le bras à un pontifical.
En somme, bonne journée à tous les points de
vue.

Mais si le matin au petit jour, par un coup de
main hardi, un cordon de troupes avait surpris les
Prussiens et les avait cernés dans la ville, peu
s'échappaient, c'eût été merveille. La chose était
du reste facile à tenter.

L'ennemi, en effet, ce jour-là, loin de s'attendre à une attaque, vivait à Brou dans la plus
grande quiétude. Sa fuite en désordre en est la
preuve.

Un incident est venu assombrir cette journée.
Un de nos sergents, Horn, vieux militaire, est
prié de choisir une autre compagnie, pour s'être
mis en état d'ivresse.

On dit que le général Fiereck est remplacé dans
son commandement de l'armée de l'Ouest par le
capitaine de vaisseau Jaurès.

CHAPITRE XII

Retour à Marboué — Un filet de cheval
Départ pour Tours —En famille—En route pour Beaugency
Josnes — Les Kabyles — Avez-vous vu ma compagnie?
Acte arbitraire—Quinze degrés au-dessous de zéro.

—

26 *novembre.* — Partis de Brou à cinq heures
du matin, nous rentrons à dix heures à Marboué, où nous attendons des ordres.

A midi, nous recevons la permission de nous
reposer quarante-huit heures dans nos foyers.
Merci, commandant! Nos cœurs débordent de
joie; ce petit congé, franchement, nous ne l'avons
pas volé.

La journée du 25 vous a montré ce que nous
valons. Vous voyez maintenant que notre refus

de marcher sur Bonneval n'était pas une fin de non-recevoir, mais le résultat du raisonnement d'hommes résolus, désireux seulement de ne pas risquer leur peau dans des bravades inutiles.

Nous déjeunons à la hâte; un filet de cheval forme la pièce de résistance du repas. M. Doussot, l'aumônier des pontificaux, prend part à notre festin. A une heure, nous nous remettons en route pour Châteaudun. Nous ne nous arrêtons pas; un train nous y attend. A quatre heures, nous débarquons à Vendôme où, impatients, nous restons de mortelles heures d'ennui.

A dix heures, nous reprenons le *railway* pour nous *gamioner* à Tours — quinze lieues à parcourir ! — Nous y mettons dix heures. Avis aux amateurs de locomotion en temps de guerre.

27 *novembre.* — Nous sommes à Tours à huit heures du matin; pour abréger, il nous a fallu descendre au pont de la Motte, à trois kilomètres de la ville, et faire le reste du chemin à pied; sans cela nous serions encore en wagon à l'heure qu'il est.

Chacun de nous conduit chez lui ceux de nos camarades qui sont étrangers au pays; pour moi,

j'emmène Moreau, Thierry et Boetch, à Bourgueil. Nous arrivons à trois heures. Grande surprise et grande joie de ma famille.

Chers parents. Que de bonheur ils éprouvent ;
parti à peine convalescent d'une fièvre typhoïde,
au lieu de leur revenir malade ou souffreteux
comme ils le craignaient, je leur arrive tout gras-
souillet. Ce mois de campagne m'a engraissé
d'une manière surprenante. Cela ne vous inté-
resse guère, n'est-ce pas? Tant pis, je tiens à
constater le fait.

28 *novembre.* — La suppression des trains
nous oblige à recourir à diverses réquisitions pour
nous ramener à Tours. Les maires de Bourgueil
et de Langeais se prêtent à la circonstance avec
une bonne grâce qui leur fait honneur (merci,
messieurs!), et le 29, à trois heures du matin, sans
encombre, nous descendons de voiture, j'allais
dire de patache. Pardon, ne m'en veuillez pas,
monsieur Renaume, cher voiturier de mon cœur.

Singulier repos que nous a procuré notre permission.

Sur quarante-huit heures, quinze heures de
chemin de fer dans des bagnolles impossibles

avec le ciel comme abri, ceci pour l'aller; pour le retour, neuf heures de *lente diligence*. Total : deux nuits de locomotion ; aussi avons-nous des voix comme des canards qui avalent des noyaux de pêche. Faites-vous l'idée d'un malheureux canard dans cette position.

A deux heures, nous partons pour Beaugency.

Le trajet de Tours à Beaugency s'accomplit péniblement.

Tristes à pleurer, les serrements de main de nos amis, les embrassements de nos familles, le souvenir de nos mères, tout cela miroite à nos yeux, et nos cœurs se serrent malgré nos fermes résolutions de ne pas faiblir.

Jeunes soldats, n'allez jamais chez vous dans le courant d'une guerre. Vous entrerez gais au foyer paternel, vous en sortirez le cœur gonflé; c'est malsain. Pour bien se battre, il ne faut pas de distraction de ce genre. La sensibilité amollit.

Nous descendons du train et nous gagnons à pied le village de Josnes, où nous couchons.

30 novembre. — La compagnie part à six heures du matin, après avoir pris le café que la prévoyance et les bons soins du caporal-fourrier ont su lui octroyer (le caporal-fourrier, c'est moi).

Je ne pars qu'à huit heures, avec quatre hommes, pour accompagner le pain que le boulanger nous a fait attendre.

Nous traversons Lorges, la forêt de Saint-Laurent. Chênes majestueux, taillis superbes, dont l'écorce me fait songer à ma tannerie.

A onze heures, nous arrivons au village de Saint-Laurent-les-Bois. Nous croyons y stationner, mais pas du tout : le caporal Thierry, resté pour nous attendre, nous prévient que la compagnie est partie pour Coulmiers.

Le temps de casser une croûte, et nous filons pour la rejoindre et la faire *boulotter* à son tour. Nos pauvres camarades n'ont rien pris que le café du matin et ont à faire une étape de 20 kilomètres.

Les Kabyles traversent le village. Singuliers cavaliers. On ne sait vraiment si le cheval tient à l'homme ou l'homme au cheval. Ce sont de vrais centaures.

Leurs têtes bronzées, leurs burnous, leurs sabres, leurs étriers, tout est fantastique.

Leurs mouvements brusques et secs n'ont rien de commun avec les nôtres.

Ces hommes, grands, noirs et grêles, sont ner-
veux comme des diables.

Chez eux la discipline est rude et presque sauvage. Un Kabyle s'attarde quelques minutes pour
nous demander du tabac. Son chef vient à lui au
grand galop, tire son sabre, fait au-dessus de la tête
du malheureux trois ou quatre moulinets flam-

boyants, un véritable éclair, et... ne lui fait aucun mal.

J'ai été frappé de la rapidité vertigineuse de la
voltige du sabre.

Après une heure de repos, nous partons. Nous
traversons Chantôme. Là encore les Prussiens
ont laissé trace de leur passage : trois moulins,
cinq ou six granges ont été brûlés. Tous les hom-

mes valides de ce pays ont été emmenés prisonniers.

Nous passons à Ouzouer-le-Marché, à Charson-
ville, et arrivons à dix heures à Coulmiers, où je
retrouve la compagnie après des recherches infi-
nies. De l'ordre dans les intendances ne serait
certainement pas plus difficile à rencontrer.

100 hommes perdus parmi 100,000 troupiers
de toutes armes, — pontificaux, francs-tireurs,
mobiles, lignards, spahis, hussards, chasseurs,
canons et mitrailleuses, un convoi de plus de deux
mille voitures de réquisition, — tout cela occupait sur la route un ruban de plus de 4 lieues de
longueur.

Chacun de rire à gorge déployée quand je de-
mandais : Avez-vous vu ma compagnie ?

Un peu plus, le mot aurait circulé dans les
camps comme celui de Lambert.

Nous enragions, car nos camarades n'avaient
pas mangé de la journée.

Enfin, nous sommes réunis.

A notre arrivée, nous sommes témoins d'un fait
bien regrettable. Pour une réponse un peu vive,
que pouvaient excuser les fatigues et les privations de la journée, le caporal-clairon Ernest Lie-

ron est attaché à un arbre par ordre du capitaine. Quinze degrés au-dessous de zéro !

Blette intervient ; la compagnie entière proteste. Le sergent-fourrier Sauvage bondit : « Pardon, capitaine, lui dit-il, vous avez le droit de punir cet homme, mais vous n'avez pas le droit de l'attacher. En Afrique, avec des mercenaires, c'est possible ; en France, avec des volontaires, non ! »

Sauvage a raison.

Lieron est détaché.

« Mon cher Paul, écoute quelques observations. Quitte pour un instant ton grade de capitaine et causons en bons camarades comme par le passé. Notre amitié m'autorise à te parler franchement.

» Tu as bon cœur, je le sais ; tu es brave, nous le savons tous ; mais ta tête endiablée, ta jeunesse, ton effervescence te font souvent agir sans réflexion.

» Ta nature de fer t'a fait soldat par tempérament ; mais, de grâce, modère tes impatiences. Ta vivacité produit de l'arbitraire, quelquefois même des injustices que tu regrettes profondément, j'en suis sûr, mais qu'il n'est plus temps de réparer.

» Tu nous traites un peu trop comme des brutes. Souviens-toi que nous sommes des hommes et que chez nous aussi le cœur saigne au contact d'une injure.

» Ton système te fera craindre, mais ton autorité morale finira par y perdre tout son prestige.

» Je t'en prie, crois-moi, prends cette boutade en considération et change ta manière d'agir. »

Le capitaine, qui jette parfois un coup d'œil sur mes notes écrites au jour le jour, rit jaune à la lecture de cette tirade que je viens de transcrire.

Nous couchons, après un maigre souper, dans le parc du château, sans tentes, sans abri, à la belle étoile, par un vent et un froid terribles.

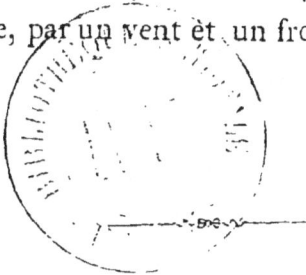

CHAPITRE XIII

La Grand'Maison — Saint-Péravy-la-Colombe
Un bon dortoir — Patay — A la recherche d'un déjeuner.

—

1er *décembre.* — Impossible d'y tenir. Toute la nuit debout pour ne pas geler.

Nous quittons dès le matin notre campement pour aller grelotter à un kilomètre plus loin dans la ferme de Grand'Maison.

Le capitaine paye d'une superbe courbature son entêtement à nous faire coucher sans nécessité dehors, car le fourrier nous avait trouvé des granges où nous pouvions tous loger.

Vous ne l'avez par volé, mon supérieur.

Tant bien que mal, nous nous installons à Grand'Maison. La fermière fait peine à voir. Son mari a été assommé par les Prussiens, après avoir hébergé ces monstres-là pendant quelques jours.

Moyennant onze sous par tête, nous faisons un excellent déjeuner à la ferme ; mais au moment de prendre le café, nous recevons l'ordre de partir pour Saint-Péravy-la-Colombe. Nous passons à Rozières, Gemigny, Saint-Sigismond, et arrivons à Saint-Péravy-la-Colombe à neuf heures du soir.

Nous nous couchons sans souper, car les habitants, sous prétexte qu'ils sont ruinés par les Prussiens, ne veulent rien nous vendre ni nous donner, pas même un verre d'eau. Textuel. Ceci nous est arrivé en présence du capitaine.

2 *décembre.* — Quel affreux grenier que celui qui nous a servi de dortoir. Ouvert à tous les vents, effondré de toutes parts; les souris et les rats étalent leurs grâces, nous réchauffent de leurs caresses et semblent charmés de notre cohabitation. Nous gelons littéralement. Le claquement des dents nous empêche de dormir.

A trois heures du matin, nous nous levons. Il fait un clair de lune à rendre jaloux le soleil.

Nos études astronomiques nous font passer le temps.

A cinq heures nous partons, et nous arrivons à Patay à huit heures, avec le 17e corps, général de Sonis.

Depuis quelque temps déjà nous sommes incorporés à l'armée et n'opérons plus qu'en masse. C'est dommage : c'était si agréable, nos chasses à l'ours; et puis... rarement br edouille.

Nous agissons de concert avec l'armée de la Loire, et espérons bientôt rencontrer Trochu qu'on nous affirme être sorti de Paris.

La République paraît bien marcher.

Hier l'ennemi a été battu sérieusement à quelques kilomètres d'ici.

Le 16e corps, général Chanzy, a enlevé aux Bavarois Villepion et Faverolles.

Loigny a même été abandonné ce matin par l'ennemi, et, à l'heure où j'écris ces notes, ce village est occupé par nos troupes.

A notre arrivée à Patay, nous cherchons à manger. Autant chercher dix mille livres de rente dans la hotte d'un chiffonnier. C'est un pêle-mêle, un tohu-bohu infernal dont vous ne sauriez vous rendre compte.

Nous nous jetons sur un morceau de carne
quelconque, une volaille étique ou une sa-
lade mal épluchée, avec la rapacité de l'estomac
le plus affamé.

Au plus fort la poigne, au plus fin le ragoût.
Un marin me chipe une poule. Pas de discussion. A un pontifical j'enlève une luxuriante sa-
lade de céleri et paye généreusement une rata-
touille plus ou moins bien gargotée.

Un mobile fait l'admiration de la société. Il
promène sur son épaule un écureuil dressé. L'é-
cureuil me semble tellement spirituel que le mo-
blot me paraît stupide.

A dix heures, nos hussards ramènent, avec les
francs-tireurs de Paris, 33 uhlans et 3 officiers
avec leurs chevaux. Le tout a été surpris encore
couché dans une grange. Avec cela, ils ont tué
10 cavaliers. Les veinards! Un seul des leurs a été
blessé peu grièvement.

De nombreuses voitures de blessés français et
de prisonniers prussiens traversent le village.

Le canon gronde à quelques kil. de Patay, dans la
direction de Loigny. Nous attendons des ordres .

CHAPITRE XIV

Loigny.

—

A midi, le général de Sonis fait partir ce qu'il a de son corps sous la main, trois brigades d'infanterie et toute sa réserve d'artillerie, à laquelle nous sommes attachés.

Volontairement nous l'accompagnons, malgré le peu de repos que nous avons pris. M. Dupré, le lieutenant-payeur de la compagnie de francs-tireurs de Nice, vient avec nous.

Après deux heures de marche à travers champs, nous nous trouvons en vue du village de Loigny,

repris dans la journée par les troupes du duc
de Mecklembourg.

Le général nous fait placer immédiatement en
première ligne, les pontificaux (1er bataillon) et
nous derrière le château de Villepion. En se-

conde ligne, la mobile de Loire-et-Cher, un demi-
bataillon de mobiles des Côtes-du-Nord, et la compagnie des francs-tireurs de Blidah.

A peine étions-nous rangés en bataille, qu'une
grêle d'obus est dirigée sur nous.

Cinq mobiles sont atteints. Deux sont éventrés complétement, les jambes *revirées*, tordues.

les intestins leur sortent du ventre. C'est effroyable.

Notre artillerie répond vigoureusement, et pendant deux heures nous la soutenons. Tous sont restés fermes.

Il n'est vraiment pas gai de recevoir la mitraille, l'arme au pied, les bras croisés, surtout par l'épouvantable froid qui sévit aujourd'hui.

Ne vaudrait-il pas mieux placer le soutien d'artillerie sur les flancs et en avant des pièces qu'en arrière. Sans que le pointage en soit gêné, il y aurait certainement moins de risques à courir.

Tout à coup, l'ennemi tente un de ces mouvements qui lui ont toujours réussi et nous ont été si funestes depuis le commencement de la guerre.

Brusquement il tourne la gauche du château de Villepion et établit entre Nonneville et Loigny une batterie qui crache sur le château.

Une batterie et deux mitrailleuses leur sont opposées et leur ripostent avec avantage. Les mitrailleuses surtout, extrêmement meurtrières, fauchent littéralement les rangs ennemis et les coupent en plusieurs tronçons qui se reforment aussitôt pour être brisés et de nouveau reformés.

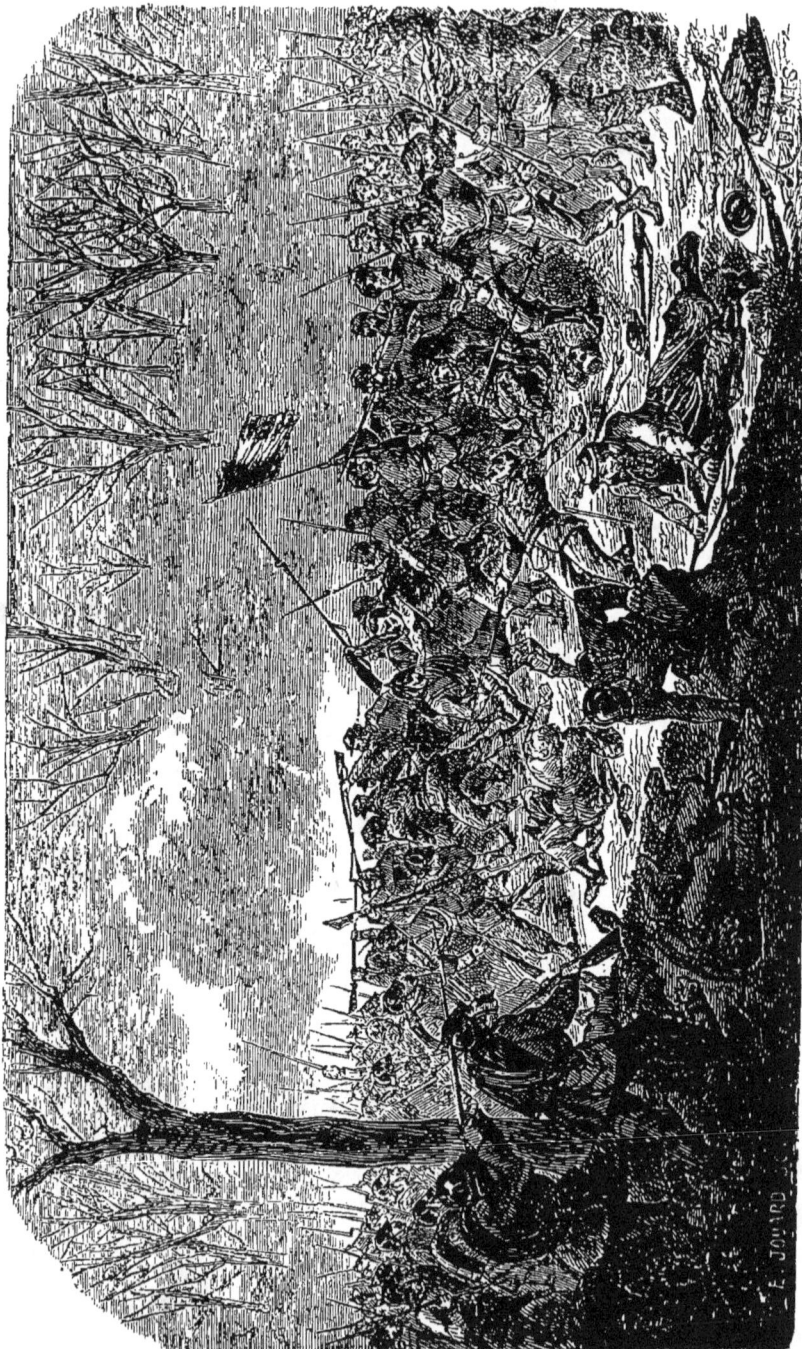

Tout cela en fort peu de temps.

Le mouvement de l'ennemi ne lui réussit pas. Il fléchit et se retire lentement.

Des bombes incendiaires lancées sur le château, malgré le drapeau d'ambulance hissé sur le toit, causent un commencement d'incendie de peu d'importance.

A ce moment, une batterie ennemie, établie sur la droite d'un petit bois (le bois Bourgeon, situé entre Loigny et le château de Goury), nous envoie des bombes à toute volée.

L'artillerie française, chargée de lui répondre, faiblit faute de munitions.

Le général de Sonis arrive au galop : « Enfants, nous dit-il, je compte sur vous pour enlever cette position ; en vous battent des cœurs français. Chargez à la baïonnette. En avant ! » Et lui-même charge à notre tête.

Nous avançons sur le bois, soutenus par la mobile et quelques compagnies de ligne. La ligne se couche à terre pour éviter l'épouvantable feu de l'ennemi. Nous passons par-dessus.

Tirant toujours, notre ligne de tirailleurs et celle des pontificaux, Charette en tête, s'entrelacent et se devancent tour à tour.

En avant! Là, plus d'opinions, plus de soldats du pape, plus de républicains, il n'y a que des Français. Un seul élan fait tressaillir les cœurs

Une seule pensée nous domine : la Patrie!

En avant! Guérin, notre porte-drapeau, tombe et abandonne le chiffon. Blanchet le ramasse.

Nous touchons le bois. Nos balles frappent à une longueur de fusil.

De Sonis est touché et tombe à quelques pas. Sa bravoure devait lui être fatale. Un éclat d'obus lui a fracassé le genou.

En avant! Nous abordons le bois à la baïonnette, nous sautons le talus qui nous sépare du taillis. Nous sommes dans le bois.

La rage au cœur, nous nous ruons sur le Prussien. C'est un véritable carnage. Pêle-mêle, Français et Allemands tombent, râlent et meurent.

A ce moment, Blanchet est blessé grièvement à l'épaule droite. Le drapeau lui échappe, il le saisit héroïquement de la main gauche, mais il faiblit. Tazières le lui arrache et le porte à son tour.

Charette tombe, lui aussi, la cuisse traversée par une balle, après avoir eu son cheval tué sous lui. Deux de ses hommes se précipitent et le protégent de leur poitrine.

« Non, répond-il, leur montrant du doigt les batteries ennemies…. Non…. Là !…. Sauvez la France (1). »

Électrisés par ces paroles et ce geste d'une simplicité toute stoïque, rendus furieux par cette affreuse boucherie et la mort de leurs camarades, pontificaux et francs-tireurs bondissent, lardent impitoyablement tout ce qui s'oppose à leur irrésistible courant et jettent hors du bois ce qui reste de Mecklembourgeois.

Beaucoup se rendent, demandent grâce et nous *lèchent* les mains.

Tout à coup une panique s'empare de la ligne et de la mobile.

Elles reculent, battent en retraite et nous laissent à peine 400 hommes contre trois régiments ennemis.

Malgré cela, nous avançons toujours, nous traversons le bois et nous heurtons contre une grêle de balles et de mitraille.

(1) Après la bataille, le colonel Charette fut porté dans la maison d'école de Faverolles et couché sur la même

L'ennemi, en présence de tant d'audace, hésite un instant et abandonne une demi-batterie.

Nous sautons dessus.

Nous sommes heureux, nous croyons à la victoire, nos poitrines se brisent sous une glorieuse émotion.

Vive la République ! Vive la France !

. . . .

Notre bonheur devait être de courte durée. Les officiers allemands comprennent qu'ils ont été repoussés par une poignée d'hommes.

A coup de plats de sabre, ils arrêtent les fuyards, les rallient et dirigent sur nous un feu extrêmement serré. Les soldats poussent des hurrah frénétiques, les misérables qui s'étaient rendus reprennent leurs armes. Une épouvantable confusion s'ensuit. Nos fusils se touchent, nous nous tirons à bout portant, nos yeux se voilent d'un nuage de fumée et de sang. Nous ne sommes plus des hommes, nous sommes des fous enragés.

. . . .

paillasse qu'un des nôtres, le franc-tireur Tourteau, également blessé à)a cuisse.

Nos efforts restent impuissants. Ecrasés par des forces considérables, nous quittons le bois,

les pieds dans le sang, et traversons le champ de bataille, ramenant quelques prisonniers, après avoir vengé chèrement nos camarades morts au champ d'honneur.

10

Quelle épouvantable chose qu'un champ de bataille après le combat!

Les hommes sont-ils donc des bêtes féroces pour s'entre-déchirer les uns les autres?

La voix de la raison ne dominera-t-elle jamais la voix du canon?

Non. *La force prime le droit. Le canon est la dernière raison des peuples.*

Effroyables et désespérantes maximes des sociétés modernes.

Là, un Prussien le crâne effondré, la face baignant dans une mare de sang, qu'agitent les soubresauts de sa respiration haletante.

Ici, un pauvre soldat tué par une bombe brûle comme un fétu de paille.

A côté, un cheval blessé à mort relève la tête et cherche son cavalier, son ami, en poussant des hennissements plaintifs.

Plus loin, un officier de zouaves, presque étouffé par sa monture, respire encore et réclame la mort avec des cris déchirants.

Moreau, notre cher Moreau, Rey, ce gai compagnon, sont là gisant la face contre terre. Besnard, ce charmant petit garçon, si doux, si facile, est là, lui aussi, la tête détachée du tronc, le sang s'échappe à flots d'un trou béant entre les deux épaules. Oh ! c'est affreux !

Que d'autres encore, les mains crispées sur leurs armes.

Voyez ces jeunes soldats, presque des enfants. De faibles soupirs viennent errer et mourir sur leurs lèvres encore tièdes. Pauvres enfants, ne cherchent-ils pas les derniers baisers d'une mère ?

Voyez ces cadavres. Leurs yeux presque éteints reflètent encore les dernières angoisses de la lutte. Leur bouche s'entr'ouvre par instant comme pour lancer une malédiction suprême aux auteurs de ces monstrueux forfaits.

Sombre tableau éclairé par les lueurs sinistres des incendies allumées sur tous les points. De noires silhouettes parcourent le champ des morts et fuient les derniers coups de canon.

La cavalerie, l'artillerie font tressaillir la terre. D'immenses rumeurs bourdonnent au loin. La nuit est venue. La terre se couvre d'un vaste linceul.

Tout est fini.

. . . .

. . . .

CHAPITRE XV

Nos morts — Une maison inhospitalière — Voyage à Tours
Récit de Sauvage.

—

Le 2 décembre 1870, anniversaire du plus grand crime du monde et de toutes les époques, devait jeter sur notre compagnie un voile de douleur.

Notre pauvre Moreau est mort. Une balle lui a traversé le crâne.

Bon enfant, type du bohème bien élevé ; ses manières, son éducation parfaites, sa gaieté et son esprit naturels avaient su lui gagner la sympathie de tous.

Comme ses gaies chansons et ses refrains joyeux nous relevaient le pas et raccourcissaient la route !

« Michel, me disait-il quelques minutes avant de tomber, triste journée pour nous. Moi, je ne crains rien. Je suis seul au monde. Mais toi, mon pauvre vieux, tiens, une seule chose me fait de la peine. J'ai peur de te ramener blessé à ta famille. » Il parle et il meurt.

Hélas ! il n'est pas le seul. Besnard, Rey, Dumain Larcher, tués aussi. Robin, lieutenant, Rodriguez sont blessés mortellement. Montmignon, sous-lieutenant, Tourteau, Henry, Graslin, Ernest Lieron, Blanchet, Algrade, sont grièvement touchés.

Chaumin, Fournier, Pescheret, Ducourneau, Bourgeois, Boetsch, d'autres encore sont atteints moins dangereusement.

Que sont devenus ceux qui manquent à l'appel ?

Honneur à tous !

Nous ramenons tous les blessés qui peuvent se traîner.

Quelques-uns, trop dangereusement blessés, sont conduits à Faverolles et à Sougy dans des

10.

maisons abandonnées transformées en ambulances. Mais les autres ?

Guérin, que nous croyions mortellement blessé, n'est pas sérieusement atteint.

Sa chute n'aura pas de suites fâcheuses pour sa santé.

Nous revenons à la nuit et retrouvons les pontificaux. Il reste une poignée d'hommes de cette vaillante légion. Leur étendard blanc est taché de sang.

Allons , messieurs, une troisième couleur, et vous aussi porterez les couleurs nationales.

Je ramène deux prisonniers.

Montmignon, blessé très-grièvement à l'œil, se traîne au bras de Cottin.

Je le soutiens d'un côté, et nous le conduisons au village de Sougy, après avoir confié à Besson mes deux prisonniers.

A Sougy, nous pansons tant bien que mal Montmignon dans une maison fort inhospitalière, je dis inhospitalière, car la jeune fille de la maison nous a refusé de l'eau pour laver la plaie et de la lumière pour nous éclairer. Nous avons dû prendre de force ce dont nous avions besoin. Je constate le fait.

Vous êtes bien jeune, mademoiselle, pour avoir aussi mauvais cœur.

Montmignon, soulagé, me prie de l'emmener chez lui. Il ne veut pas de l'ambulance.

A grands frais je le conduis à Orléans; à deux heures du matin nous arrivons. Je fais reposer mon blessé dans la salle d'attente et le soigne jusqu'au départ du train le lendemain à trois heures du soir.

Je remercie sincèrement M. Méjamel, reporter américain, son ami, docteur de l'Internationale, et M. Godefroy, négociant d'Orléans, du concours qu'ils m'ont donné pour soigner mon camarade.

A onze heures, je m'entends appeler dans la rue : c'est Ernest Lieron, blessé lui aussi à la tête et ramené de Patay par une ambulance.

Au lieu d'un, j'en ramène deux, et après quinze heures de chemin de fer nous arrivons enfin à Tours.

Je ne saurais complimenter un des entrepreneurs de voitures de cette ville.

A ma prière de nous faire conduire à domicile, il exige avec beaucoup d'inconvenance une somme de 3 francs à payer d'avance pour dix minutes de course, et ce pour un blessé ! Je m'empresse de me servir de la voiture et de ne pas payer.

Je laisse Montmignon à Tours et je pars le lendemain pour Bourgueil, j'y passe la nuit du 4 au 5, et, après avoir rassuré ma famille, je rejoins ma compagnie à Tours.

Pendant mon absence, voici ce que faisait le reste de la compagnie depuis la malheureuse affaire de Loigny jusqu'à sa rentrée à Tours. Dans la crainte d'altérer en quoi que ce soit la vérité, je me bornerai à reproduire tout au long le récit de Sauvage, sergent-fourrier :

« Le 2 au soir nous couchons à Patay. L'ap-
» pel constate que 35 hommes sont hors de com-
» bat. Heureusement plusieurs n'ont que de
» légères blessures ou contusions qui ne les
» obligent pas à quitter la compagnie.

» 3 *décembre*. — Le 3, dans l'après-midi, la
» réserve, dont nous faisons partie, se met en
» route pour Gemigny. Nous traversons Saint-
» Péravy-la-Colombe, traînant avec nous quel-
» ques-uns de nos blessés qui peuvent à peine
» marcher et huit prisonniers que nous laissons
» à la prévôté de la localité.

» Nous arrivons le soir à Gemigny. Nous y
» couchons dans une grange et faisons transpor-
» ter à Meung plusieurs de nos blessés, entre au·
» tres Ducourneau, Pescheret, Chaumin, Al-
» grade. Là, l'un de nous, Breton, est blessé
» d'un coup de feu à la tête par l'imprudence
» d'un de ses camarades.

» Pendant tout ce temps, nous restons mêlés
» aux colonnes de l'armée régulière, battant en
» retraite en ordre de bataille et nous attendant à
» chaque instant à être engagés.

» 4 *décembre*. — Le capitaine adresse un rap-
» port au général. Il expose l'état de la compa-
» gnie, ses pertes et la nécessité dans laquelle il
» se trouve de la reformer.

» L'autorisation de partir pour Tours lui est
» accordée. Nous partons, et, après avoir traversé
» Rozières et Meung-sur-Loire, par une marche
» éreintante à travers toutes sortes de voitures de
» réquisition, nous arrivons à Beaugency, où nous
» couchons.

» 5 *décembre*. — A six heures du matin nous
» montons dans les wagons qui viennent d'ame-

» ner de Tours la mobile d'Indre-et-Loire.
» Nous échangeons quelques rapides poignées
» de main avec nos pays. Le train siffle et nous
» voilà partis.

» A dix heures du soir seulement nous arri-
» vons au pont de Montlouis. Là, station. Nous
» prenons le parti de faire à pied les trois lieues
» qui nous séparent de Tours plutôt que de pas-
» ser la nuit en wagon. Bien nous faisons, car
» nous arrivons à une heure du matin.

» Le train, quand arrivera-t-il, lui ?

» Arrivera-t-il même ? »

CHAPITRE XVI.

Mécontentement général
Chanzy — Panique à Tours — Ordre de retraite — Refus.
Massacry et le Capitaine
Transport des blessés à Bourgueil.

—

Dans quel état se trouve notre pauvre compagnie, si belle il y a quelques jours. Au nombre des absents, des blessés, viennent se joindre des malades. Plusieurs cas de variole se déclarent. Nos souffrances, nos désastres nous exaspèrent. Le capitaine lui-même devient plus irascible, et brusque des hommes sans motif. De là des murmures sourds et des plaintes avouées.

Massacry, bousculé à Patay sans raison, dit-il, veut donner sa démission et n'entend plus rester dans la compagnie. Ce serait fâcheux, c'est un boute-en-train toujours prêt à rendre service, et aussi brave qu'il est gai. Nous ferons tous en sorte de le faire revenir sur sa détermination.

Déjà Rétif, Bagneux, Breton, Lenoir, Cottin, Blette, Steiner, Hyvert, Guerin, Bourchet, d'autres encore ont quitté ou quittent la compagnie pour différents motifs. Si les démissions s'ajoutent aux vides faits par le feu et les fatigues, nous serons réduits à rien.

Il nous faut du repos, ne fût-ce que pour nous reformer, remplir les vides et compléter le cadre si rudement éprouvé.

Huit jours nous sont accordés.

Pendant que nous nous reposons, les événements militaires se précipitent avec une rapidité vertigineuse.

Chanzy, nommé général en chef de la 2ᵉ armée de la Loire (composée des 16ᵉ et 17ᵉ corps, avec lesquels il avait combattu à Loigny et à Patay, de la colonne mobile de Tours et du 21ᵉ corps qui occupait la forêt de Marchenoir), avait sur les bras presque toute l'armée prussienne.

Il s'établit alors entre la Loire et la forêt de Marchenoir, livre les glorieux combats du Josnes et neutralise sur la rive droite les efforts de l'ennemi.

Les Prussiens, désespérant de la victoire, lancent un corps d'armée sur la rive gauche et cherchent à tourner notre armée.

Cette manœuvre extrêmement osée aurait coûté cher à nos ennemis si Bourbaki avait pu les refouler sur la Loire, dont les ponts étaient coupés de Meung à Montlouis.

Pris de cette façon entre nos deux corps d'armée et le fleuve, qu'auraient-ils pu faire? Renouveler Sedan (à notre profit, cette fois).

Malheureusement il n'en fut pas ainsi.

L'état physique et moral des troupes de Bourbaki l'empêcha de remuer, et, après la malheureuse journée de Chambord, où toute la division Maurandy (16e corps) fut surprise et dispersée sans qu'on pût la rallier, nous voyons arriver à Tours des fuyards annonçant que les Prussiens les poursuivent.

Une panique épouvantable s'ensuit.

Déjà les ministères sont partis pour Bordeaux.

Le général Sol, commandant la 18e division, prend la fuite.

L'intendance quitte la ville ainsi que les auto-

11

rités militaires et toutes les administrations ci-
viles.

Il ne reste plus aux débandés de toute sorte qui
errent dans la ville que la ressource de tendre la
main.

Ainsi fut portée la confusion jusqu'à Angers
d'un côté et Limoges de l'autre.

12 *décembre.* — Les maires du département reçoivent l'ordre de désarmer la garde nationale.

On ne donne pas une aussi sale besogne à
d'honnêtes citoyens. Monsieur le préfet, vous
auriez mieux fait de les destituer.

13 *décembre.* — A dix heures, nomination
d'officiers et sous-officiers de la compagnie.

Jules Sauvage, sergent-fourrier, passe lieutenant. Suppligeon, sergent-major, devient sous-
lieutenant. Michel, caporal-fourrier, est nommé
sergent-major; Boisseau, sergent-fourrier; Thierry,
Rabette, sergents, et Doisteau, caporal-fourrier.

A midi, désarmement de la garde nationale et
des pompiers de Tours.

A quatre heures, tout homme armé doit avoir
évacué la ville.

Désordre complet, désarroi général. Débâcle sur tous les points. Des rues encombrées de troupes, de blessés, de traînards. C'est un sauve-qui-peut effrayant.

Les armes, apportées sur le quai, sont jetées pêlemêle dans des bateaux, sinon dans la Loire.

J'ai vu, de mes yeux vu, des gardes nationaux qui, arrêtés dans la rue du Change par des francstireurs girondins indignés, ont laissé briser leurs armes sur le pavé.

Dépêches, contre-dépêches de toutes sortes. Les soldats crient à la trahison. Les chefs pourraient avec raison crier à la lâcheté.

La France agonise, la République se meurt.

A midi, nous voyons défiler sur le boulevard Heurteloup les francs-tireurs de Lipowski.— Ils déclarent intenable la position de la forêt d'Amboise qu'ils sont chargés de garder.

A deux heures, un commandant de leur corps nous apporte un ordre fort impératif de le suivre et de nous replier avec lui sur Saumur.

Lipowski nous est parfaitement connu, nous savons tout ce qu'il a fait à Châteaudun, un des plus beaux fleurons de sa couronne militaire.

Nous l'admirons même. Mais pourquoi cet

ordre ? d'où émane-t-il ? Et puis, ma foi, nous ne sommes pas sous son commandement, et nous refusons carrément d'obéir aux injonctions de son premier lieutenant.

N'est-il pas du reste fort ridicule de se retirer à Saumur quand pas un Prussien n'est encore apparu à Amboise ?

Nous nous mettons donc à la disposition du ministère de la guerre, et allons à la préfecture rendre nos armes et nos galons.

Le préfet refuse notre démission et, après mûre réflexion, nous laisse notre liberté d'agir comme corps franc, et nous donne l'ordre de défendre la forêt d'Amboise et la vallée du Cher. A la bonne heure ! Nous préférons cela.

Prête à partir, la compagnie se réunit à cinq heures sur la place du Palais-de-Justice.

Là, Massacry, après une explication avec Hildenbrand, maintient sa démission et, après refus du capitaine de la recevoir, remet ses armes et se tient à la disposition des autorités militaires. Il entre dans les mobilisés sous le commandement de M. Peigné.

Tant pis ! C'est un bon de moins.

Contre-ordre est donné pour le départ, qui est remis au lendemain.

Doisteau et moi nous partons pour Bourgueil, lui, emmenant madame Hildenbrand et sa petite fille, — moi, conduisant, dans la voiture de M. Desaché, Auguste Boetsch tellement malade qu'il peut à peine se porter.

Montmignon et Lieron sont aussi transportés à la maison, où les bons soins de ma famille les rendront promptement à la santé, je l'espère.

11.

CHAPITRE XVII

Bleré — Excursions dans la forêt d'Amboise — Sansas
Décorations de la Compagnie
Nous passons la Loire — La Frillière — Vouvray
Générosité d'une Paysanne — Une salle de bal et un veau.

—

14 *décembre.* — Malgré les nouvelles données par une quantité de fuyards qu'elle rencontre, la compagnie remonte la vallée du Cher jusqu'à huit lieues de Tours sans voir un uhlan.

15 *décembre.* — Notre mission remplie, nous rejoignons immédiatement nos camarades à Bleré, où nous arrivons le 15 au soir. L'accueil le plus flatteur nous était réservé par les jeunes gens de la ville qui étaient des nôtres et s'étaient joints

à la garde nationale, capitaine en tête, pour nous faire fête à notre arrivée.

Déviens, malade à Veretz, a dû lui aussi être évacué sur Bourgueil.

16 *décembre.* — De concert avec Sansas, nous sommes chargés d'explorer le pays entre Bleré et Amboise.

Le poste de la Croix-Bleré est confié à une partie de la compagnie Sansas, pendant qu'une partie de la nôtre, sous la direction du lieutenant Sauvage, fouille la forêt sans y rien rencontrer.

Le capitaine va à Tours prendre les ordres du préfet et revient dans la même journée.

17 *décembre.* — Nous partons dès le matin, pensant être plus heureux que la veille (cinq minutes de retard me donnent l'insigne honneur de commander, pendant la nuit, le poste par intérim).

Le lieutenant tend une embuscade entre Souvigny et Saint-Règle.

Jamais embuscade ne fut mieux choisie pour attaquer l'ennemi ; mais prévenu probablement, celui-ci passa par la levée de la Loire au lieu de prendre sa route habituelle.

Envoyé à Amboise auprès du maire pour m'informer de ce qui se passait, j'apprends que les Prussiens viennent tous les jours en très-petit nombre et ont sommé hier le maire, M. Guinot, de descendre de la mairie pour leur fournir toutes explications nécessaires. Injonction qui ne fut suivie d'aucun effet.

J'apprends aussi de M. Guinot qu'il a reçu l'ordre de faire jeter à l'eau toutes les armes non dirigées sur Tours.

Encore une journée sans résultat !

Nous restons à Bleré. Plusieurs d'entre nous sont envoyés en éclaireurs dans toutes les directions.

Le lieutenant veut en personne se rendre compte des forces ennemies des environs. Il part le soir à Tours, se munit de pièces lui permettant de traverser les lignes prussiennes et se dirige sur Blois. Il ne peut dépasser Montrichard que de quelques lieues, faute de moyens de transport.

En passant à Bleré, il nous a communiqué le décret du *Moniteur* qui nomme chevalier de la Légion d'honneur Hildenbrand, capitaine ; Montmignon, sous-lieutenant ; Blanchet, Gourmel et Pescheret, francs-tireurs.

C'est très-bien, mais nous eussions préféré voir notre drapeau décoré.

18 *décembre*. — Tous nos renseignements concordent à nous faire croire que les Prussiens se retirent sur Blois. Nous quittons Bleré et arrivons à Amboise vers 10 heures.

Madame D umée me reçoit comme son fils, soldat lui aussi. Après déjeuner, nous flânons le reste de la journée. Encore un chef-d'œuvre à constater. Le général Maurandy a fait sauter le pont d'Amboise à peine achevé. C'est pitoyable! Le tablier écroulé, quelques arches encore chancelantes, le reste complétement noyé, voilà ce qui reste du pont.

Bravo, général, on ne saurait mieux faire la besogne des nos ennemis.

19 *décembre*. — Avec Sansas, nous traversons la Loire dans des barques et attendons des ordres de l'autre côté de l'eau. Nous restons sur le quai trois grandes heures l'arme au pied, à tremper comme des soupes.

Enfin un ordre arrive : nous devons marcher sur Autrèche, près de Châteaurenault. A ce moment, les éclaireurs que nous avions envoyés de

ce côté arrivent et nous affirment qu'une immense
colonne prussienne a traversé Châteaurenault se
dirigeant sur Monnaie.

Le capitaine alors m'envoie à Tours avec
quatre hommes pour avertir le préfet de ce qui
se passe: mais arrêtés à Vouvray par les zouaves
qui gardent le pont, nous rebroussons chemin et
retrouvons les deux compagnies à la Frillière, où
elles prennent du repos. Après avoir averti le
capitaine de l'insuccès de mon voyage, je m'endors, moi aussi, et invite mes quatre compagnons
à en faire autant.

20 *décembre*. — Aussitôt notre lever, nous nous
dirigeons vers Vouvray.

Arrivés là, Sansas fait déjeuner ses hommes
pendant que nous poursuivons notre route dans
la direction de Monnaie. A peine sommes-nous
arrivés sur les crêtes du coteau si renommé pour
la qualité de son excellent vin blanc, qu'une
vive fusillade se fait entendre. Nous marchons
en avant, l'oreille tendue, l'œil au guet, per-
cevant le moindre bruit, épiant le moindre mouvement. Le canon gronde. Décidément c'est une
bataille ou tout au moins un combat sérieux

qui se livre dans les environs de Châteaurenault. Nos éclaireurs de la veille ne nous ont pas trompés.

Nous sommes seuls. Continuer un mouvement en avant serait une imprudence stupide et stérile. Nous nous replions sur Vouvray pour avertir Sansas. Nous arrivons vers midi, et pendant que nous prenons repos et nourriture, vingt hommes de chaque compagnie sont détachés pour éclairer et éviter toute surprise.

Pas de chance, un peloton de cavaliers ennemis venait sans méfiance droit à nous. A 500 mètres de Vouvray, il rencontre un paysan :

« Y a-t-il des francs-tireurs ici, des mobiles?

— Oui, monsieur l'officier, il y a une compagnie qui déjeune dans le village. »

Les Prussiens tournent bride.

Ces paysans ne sont peut-être pas des traîtres, mais ils craignent voir leurs villages brûlés, si les francs-tireurs s'y battent.

Sansas a plus de veine, il rencontre de son côté quelques cavaliers, tire dessus et en abat trois.

La fusillade continue sur les hauteurs, et de plus nous sommes avisés qu'une colonne prussienne se dirige du côté de Reugny.

Il est deux heures. Nos deux compagnies quittent Vouvray par une pluie torrentielle. Sansas nous précède. Nous marchons une grande partie de la journée sans rien rencontrer, sinon quelques éclaireurs à cheval qui galopent trop loin de nous pour que nous puissions les atteindre.

Nous passons auprès d'une ferme, lorsque nous voyons accourir tout essoufflée une pauvre femme, la fermière de l'endroit :

« Mes bons messieurs, prenez tout ce que vous voudrez, les Prussiens sont tout près de *cheux* nous, j'aime mieux vous donner tout que de me le voir violenter par ces brigands. »

Peu habitués à un pareil procédé de la part d'un cultivateur, nous nous faisons répéter deux fois l'invitation de cette femme.

Alors nous en usons largement et déménageons de la ferme une vache et son veau, deux porcs, un mouton et une dizaine de poulets. Vous le voyez, nous ne sommes pas trop gourmands! J'avoue toutefois que c'est tout ce que nous avons pu prendre.

Il est donc bien avéré que, s'il est des paysans grigous, il en existe de foncièrement généreux.

Cet exploit accompli, nous nous dirigeons sur Vernou. Après une halte de quelques heures, nous quittons le village pour gagner Montlouis.

Toujours même temps : le vent, la pluie, tous

les éléments déchaînés contre nous, c'est à dégoûter d'être guerrier. Enfin, continuons notre chemin. La course est rude, mais nos épaules allégées du poids du sac n'en souffriront pas trop (nos sacs, laissés à Vouvray, ont été conduits à Tours, sous bonne escorte).

Arrivés au bas d'un coteau, tout près du pont jeté sur la petite rivière de la Cisse, nous

12

sommes accueillis par quelques coups de feu tirés au jugé des bois qui couronnent les hauteurs. Personne n'est atteint. Ne sachant au juste de quelle direction ces coups nous sont venus, nous ne rispostons pas. Seule l'arrière-garde, commandée par Palatre, brûle quelques cartouches sans s'arrêter.

Bêtes et gens, car nous traînons toujours notre gibier avec nous, nous arrivons enfin, clopin-clopant, au pont de Montlouis. Nous le traversons, non sans peine et sans danger; une des voies étant enlevée et le parapet détruit, un écart de quelques pieds pouvait nous précipiter dans le fleuve, surtout par cette obscurité.

Arrivés à Montlouis, nous obtenons de l'administration municipale, et grâce encore à des efforts d'éloquence, quelques billets de logement pour les officiers.

Le commun des martyrs (les martyrs c'est nous) devra se contenter de la salle de bal transformée en dortoir.

Un peu de paille parcimonieusement répandue sur les planches en atténuera la dureté.

Les hommes acceptent en grommelant. Ils méritent mieux après une si rude journée. Ils

le sentent et le disent. Quelques punitions les
font taire.

Enfin nous nous couchons.

Trempés jusqu'aux os, c'est dur, très-dur
même, de coucher par terre dans cette immense
pièce sans feu.

Aïe! les épaules. Si encore nous pouvions
danser dans cette fichue salle de bal, mais pas
de musique. Par compensation, on a dû bien
danser à Monnaie dans la journée: c'était une
satanée musique, orchestre complet.

Toutefois le veau que nous avons ramené de
Vernou et que, par commisération pour son
jeune âge, nous avons admis à partager notre
couche, égaye nos oreilles par ses mugissements
plaintifs. — Mais pas de cadence. C'est dommage.

Au milieu de la nuit, les zouaves qui gardent
le pont de Montlouis reçoivent l'ordre de se replier et partent immédiatement.

CHAPITRE XVIII

Double méprise — Tirez-vous de là
De Montlouis à Montbazon — Du vent et pas de Prussien
A l'Alouette — Tours — Une mascarade par ordre
Bombardement — Hildenbrand à Bordeaux.

—

21 *décembre*. — Nous nous levons dès le matin courbaturés, perclus. A l'appel, les punitions de la veille sont annulées, sauf celle de Leblanc qui est commuée en huit jours de garde.

Sa mauvaise tête lui avait valu une punition plus sévère.

10 heures. — On entend tirailler de l'autre côté du pont. — C'est la compagnie Auger aux prises avec les vedettes ennemies. Le lieutenant Sauvage part avec quelques hommes, parmi lesquels

Vayssier, Bignon, traverse le pont et pousse jusqu'à Vernou.

Il touche presque le village lorsque Bignon aperçoit à 200 mètres environ une troupe armée que masquent les haies et des bouquets d'arbres. — Le temps est sombre. — Nos braves avancent

toujours. Soudain Vayssier pense à se servir de sa longue-vue. — Les soldats qui sont devant eux sont des Bavarois, et non des Français, comme ils l'avaient supposé.

La présence d'esprit n'abandonne pas nos camarades. — En face d'une troupe considérable, ils se retirent à pas lents, sans tirer ; un seul coup de feu les eût infailliblement perdus ; ils peuvent ainsi gagner la ligne du chemin de fer sans être inquiétés, les Allemands ayant commis une erreur analogue et ayant cru qu'ils étaient des leurs.

Il n'est cependant pas trop tôt pour nos francs-tireurs de regagner le pont de Montlouis, car, reconnus à leur tour, ils ont à subir une décharge des avant-postes ennemis qui ne les touche ni les uns ni les autres ; ils reviennent émus mais satisfaits.

Ils peuvent se vanter de l'avoir échappé belle.

En même temps qu'eux arrive la compagnie Auger, qui avait évacué Vernou à l'approche des Allemands. Des renseignements certains nous apprennent que les Bavarois étaient au nombre de 1,500.

A deux heures, nous apprenons la nouvelle du bombardement de Tours.

A trois heures, un gendarme nous apporte cet avis: « Tirez-vous de là comme vous pourrez, rien ne peut répondre de vous. »

A ces paroles *rassurantes*, nous quittons Montlouis par un temps affreux, de l'eau et du givre. — Si cela continue, nous aurons peine à arriver à Montbazon, où nous devons coucher. Du courage, tonnerre, il y va de notre peau.

La compagnie traverse Azay-sur-Cher, Esvres, où M. Johannet, meunier, m'offre gracieuse- ment sa table et sa voiture : j'accepte; l'une me restaure confortablement, l'autre avec rapidité me conduit à Montbazon.

Là je prépare avec Doisteau les billets de loge- ment en attendant nos camarades qui arrivent à dix heures par Veigné, après avoir laissé à Esvres la compagnie Sansas pour ne pas surcharger les habitants d'une même commune.

Ayant eu souvent à nous plaindre des autorités, nous devons remercier le maire de Montbazon, qui nous reçoit fort bien, malgré l'appréhension causée par les francs-tireurs en général, appré- hension légitimée par la mauvaise conduite de quelques compagnies malsaines.

Des billets de logement sont accordés à tout le monde et la réception que nous font les habitants est digne de l'accueil hospitalier du maire. — Nous nous couchons, mais nous dormons en gen- darmes, les yeux à demi ouverts, car les Prussiens sont à Tours, et à chaque instant nous crai- gnons de les avoir à nos trousses.

Que voulez-vous ? je vous fais part de mes craintes personnelles.

Je m'étends dans un excellent lit chez M. Guignard, mon parent.

Ma chambre donne sur un vaste jardin où d'immenses peupliers se balancent bruyamment, agités par le vent. Je m'endors cependant. A deux heures du matin, je me réveille en sursaut; le bruit sourd d'une troupe de cavaliers trottant sur la route arrive à mon oreille.

Alerte ! voici les Prussiens.....

A la hâte je passe ma culotte et saute sur mes armes; j'ouvre ma fenêtre....

Rien que les peupliers et le sifflement du vent à travers les branches; j'écoute, rien encore.

Je me recouche et me rendors enfin d'un sommeil plus paisible.

C'est bête, mais c'est comme cela.

Ma parole d'honneur, c'est la première fois que l'ennemi occupe une place dans mes rêves.

22 *décembre*. — Fort bon déjeuner chez M. Brault, où loge le capitaine.

A midi, l'appel. — 20 hommes de bonne volonté sont demandés pour aller à Tours voir ce qui s'y passe: toute la compagnie se présente. Dans l'impossibilité de faire un choix, le capi-

taine, qui ne veut être désagréable à aucun de
nous, prend les 20 premiers et envoie les autres à
Joué.

La route est pénible. — La pluie fine de la
nuit a gelé sur la route et forme un verglas sur
lequel le pied glisse à chaque instant.

Nous marchons avec toutes sortes de précau-
tions ; de l'Alouette, avec nos longues-vues, nous
explorons l'avenue de Grammont.

Pas de casque pointu.

Nous nous hasardons alors à descendre la côte et
nous engageons dans l'avenue. Nous rencontrons,
à quelques pas du pont du Cher, Audebert et Servais qui, déguisés en paysans, avaient été envoyés
à la ville prendre des renseignements, ce que
j'ignorais.

Ils nous annoncent qu'il n'y a pas d'Allemands
à Tours et que nous pouvons y entrer sans crainte.
Nous y entrons à trois heures. Aussitôt les autorités nous font défendre de porter nos armes
et nos uniformes. — Force nous est d'obéir, et les
habitants de Tours ont le réjouissant spectacle
de voir les hommes de la fameuse cinquième se
promener dans les rues, qui avec une grande
houppelande vert pomme toute déguenillée et un

parapluie bleu sous le bras, qui avec un feutre rouge de vétusté et un pantalon jaune fantasti-que à pont-levis de vingt centimètres trop court. C'est pittoresque et déplorable, une mascarade n'étant plus de saison.

Le Français est ainsi fait, qu'il cherche à égayer les situations les plus tristes. Du reste, rien de sérieux ni d'inquiétant ne signale la soirée.

Nous recueillons quelques détails sur ce qui s'est passé la veille à Tours.

Les voici :

Les Allemands, désireux de venger trois de leurs éclaireurs, tués à l'entrée de la ville, ont braqué plusieurs pièces de canon sur les hauteurs de la tranchée, et commencèrent à bombarder.

Trente obus furent ainsi lancés sur la ville. Les monuments publics et les propriétés particulières eurent peu à souffrir. Quelques pierres de moins, quelques vitres brisées, un ou deux becs de gaz démolis. Ce fut tout quant aux pertes matérielles.

Malheureusement il y eut quelques victimes. Paul Beurtheret, rédacteur en chef de l'*Union li-bérale*, fut atteint l'un des premiers. Un éclat d'obus lui brisa le crâne, au coin de la rue Chaude.

Pauvre Beurtheret. S'il ne s'était attiré toutes

les sympathies pour ses opinions politiques, il avait
su les mériter pour l'aménité de son caractère.

Le premier obus tomba dans la Loire, le second
éclata sur le pont où se tenait un nombre considérable de curieux.

La terreur fut immense, la panique à son com-
'ble, tout le monde se heurta, se bouscula et put
atteindre les parapets des quais, derrière lesquels
chacun s'abrita en courant à quatre pattes dans
la boue.

Fort heureusement encore que les obus lancés
à ce moment tombèrent dans la Loire, sans quoi
de bien plus grands malheurs eussent été à dé-
plorer.

Le drapeau blanc sous la forme d'un drap fut
hissé.

La canonnade cessa, et M. Gouïn, le maire,
monta à la tranchée et parlementa.

Le capitaine Hildenbrand fait rentrer à Tours
les hommes qu'il avait cantonnés à Joué et obtient
que nous reprenions nos uniformes. Le soir même
il part pour Bordeaux.

M. Amédée Blondeau remplace comme aide-
major Bourchet et Guérin, sortis de la compagnie.

CHAPITRE XIX

—

Du 23 au 27, nous poussons quelques reconnaissances très-discrètes dans les environs. Une de mes excursions personnelles faite de concert avec Vayssier en compagnie de M. Huot nous apprend que Châteaurenault est complétement évacué par l'ennemi.

Rien de remarquable. M. Duret, un des notables de la ville, à qui nous allons rendre visite, nous donne les renseignements les plus précieux.

Tous les jours des éclaireurs ennemis viennent

par deux routes différentes, les uns de Blois, les autres de Vendôme, et arrivent à la même heure sur la place de la mairie où ils se croient du reste chez eux.

Ils descendent de cheval et boivent à la santé des habitants de Châteaurenault. Quelle humiliation !

Le 24, ils commandent même des gâteaux, qu'ils ont l'audace de revenir chercher tranquillement le lendemain et qu'ils payent largement — avec notre argent, bien entendu.

Les avant-postes allemands sont établis à Saint-Amand sur la route de Vendôme et à Herbault sur la route de Blois. Il y a donc un mouvement de recul de leur part.

Malgré ces reconnaissances, nous ne faisons pas ce que nous devrions faire.

Somme toute, nous flânons dans les rues de la ville et traînons nos guêtres dans les cafés et les alcazars. En un mot, nous vivons sur notre réputation.

Le 28 *décembre*, le lieutenant Sauvage, sans nouvelles du capitaine, fatigué de nous voir inactifs, exaspéré des criailleries que cette inaction suscite, provoque, de la part du préfet, l'ordre d'éclairer la rive gauche de la Loire.

Nous partons le jour même et allons coucher à Montlouis. — La compagnie Sansas, que nous avons rencontrée en route, à Lussault, opère, elle aussi, sur la rive gauche, et suit la même direction que nous. Tant mieux, car tout le temps que nous avons marché avec cette compagnie, nous n'avons cessé de vivre en bonne intelligence, et toujours nous avons eu à nous louer des manières affables de M. Sansas.

Le 29 *décembre,* partis à dix heures et demie de Montlouis, nous arrivons à midi à Amboise, où nous faisons une halte de quelques heures.

Au moment du départ, un fait extrêmement grave se produit : une partie de la compagnie refuse de marcher. L'absence du capitaine augmente le nombre des mécontents. Hildenbrand, depuis son départ, a négligé de nous donner de ses nouvelles, et le bruit qu'il intrigue pour obtenir un grade dans l'armée active s'accrédite et prend de la consistance.

L'autorité de Sauvage est impuissante à maîtriser le mécontentement des uns, la colère des

autres. Cependant tous sont unanimes pour
rendre justice à notre excellent lieutenant, et dé-
clarer que cette manifestation ne présente rien
qui lui soit personnel, et n'a d'autre cause que
l'absence prolongée du capitaine. Un grand
nombre désire même qu'il prenne la place
d'Hildenbrand, s'il est vrai que celui-ci nous
abandonne.

Sauvage oppose un refus formel à leurs instances.

Malheureusement, toutes ses tentatives d'apai-
sement ne réussissent qu'incomplétement.

Une liste de démissionnaires est signée par
Vayssier, Bignon, Servais, Girault, Benoist,
Chauveau, Allouard, Séguin, Leblanc, Mimot,
Grandjouan, Allaime, Faucillon, Audebert.

Je suis loin d'approuver cette manière d'agir;
s'il y a lieu à démission, c'est plutôt celle du capitaine qu'il faudrait demander.

Vayssier, un des hommes les plus dignes et les
plus sympathiques de la compagnie, est chargé par
ses camarades de porter cette liste au préfet; il y
est autorisé par le lieutenant.

Si cette démission est maintenue et acceptée,
ce sera un malheur et une grande perte pour la

compagnie. Tous sont braves, mais beaucoup sont à coup sûr des plus intelligents d'entre nous.

Cette satisfaction accordée, Sauvage nous réunit sans nouvelle difficulté, et nous partons pour Chargé, où nous arrivons à la nuit.

Après les postes établis, les officiers, sous-officiers et délégués de chaque escouade se réunissent, et délibèrent sur ce qu'ils ont à faire.

Après discussion, la protestation suivante est rédigée et signée par tous, moins les démissionnaires et le lieutenant, qui, en sa qualité de chef de corps, ne croit pas devoir signer :

« Monsieur le Préfet,

« L'absence du capitaine Hildenbrand cause de graves dissidences dans la compagnie.

« Où est-il? Que fait-il? Il nous laisse sans nouvelles depuis le 23.

« Nous avons acquis une réputation parfaitement méritée, nous le disons sans orgueil. Aujourd'hui nous voulons la soutenir.

« Si le capitaine abandonne sa compagnie,

nous, 5e compagnie, voulons rester 5e compagnie. Pas de divisions.

« Veuillez donc faire revenir immédiatement M. Hildenbrand, pour qu'il ait à nous rendre compte de son absence, ou nous autoriser à élire un autre chef. »

J'ai signé le premier, et certes si le capitaine avait dans la compagnie un ami sincère et dévoué, cet ami, c'était moi.

Cette protestation est portée immédiatement par Séguin, homme d'autant d'énergie que de droiture d'esprit.

Ceci terminé, chacun cherche de son côté son dîner et son logement.

Doisteau et moi, nous avons la chance d'être reçus dans la maison la plus coquette et la plus originale du pays, chez M. Campion, naturaliste. Admirateur passionné de la « belle nature », il a, pour se reposer de ses voyages et de ses études, choisi les bords de « notre belle Loire. »

Vous ne vous figurez pas ce qu'est l'intérieur de cette charmante maison.

Une porte étroite percée dans un mur épais nous introduit dans un tout petit jardin. Je ne

13.

puis vous parler de la beauté des fleurs ni de leurs mystérieux parfums. Souvenez-vous que nous sommes au 29 décembre.

Nous faisons trois pas à peine, et nous trouvons à droite la porte d'entrée de la maison.

Nous frappons. Un grand monsieur en robe de chambre à ramage, calotte de velours noir, belle et longue barbe grise, vient nous ouvrir. C'est le maître de la maison.

Le vestibule est orné de potiches de toutes sortes et de plantes exotiques de toutes espèces.

A droite, le salon; à gauche, la salle à manger. Nous sommes introduits dans le salon, et madame Campion en fait les honneurs.

Tout autour de l'appartement, sur des dressoirs, sur la cheminée, au plafond, dans les encoignures, des vases, des bocaux, des petits, des moyens, des grands; des conserves de végétaux de toutes classes, d'animaux de tous climats; quelque chose de fantastique, des couleuvres, des serpents à sonnettes, des serpents dorés, des tarentules, des pieuvres, des caméléons couronnés, des poulets à quatre pattes, des veaux sans tête. Que sais-je? c'est à n'en plus finir.

Je frémis quand notre hôte nous affirme que,

dans ses pérégrinations à travers le monde, il a
fait société avec ces animaux vivants. Horreur!

La bonne, une accorte Tourangelle, annonce le
dîner. En galant sergent-major, j'offre mon bras à
la maîtresse de la maison. La porte de la salle à
manger s'ouvre d'elle-même. Je prends place à la
droite de madame Campion, et Doisteau à sa gauche, notre hôte en face.

Le potage fume. Il est servi. Excellent, ma
foi! Mais que diable cela peut-il être? Je ne re-
connais ni la couleur, ni l'odeur, ni la saveur.
« Attendez, nous dit notre amphytrion, je vous
réserve bien d'autres surprises. »

Après le potage, un poisson, un rôti, une sa-
sade; tout cela parfait, aussi parfait que c'est
connu de vous et de moi.

Mais le dessert, oh! le dessert! Des confitures
rouges, des confitures vertes, des confitures noires.
Nous goûtons à toutes. C'est bon si vous voulez,
et surtout si vous aimez les sucreries poivrées.
Mais qu'est-ce que c'est?

Et du vin! Je n'en ai jamais bu de pareil.
Qu'est-ce que c'est?

Enfin, notre hôte, M. Campion, sourit et veut
bien nous tirer d'inquiétude.

« Ne craignez rien, nous dit-il, vous n'êtes pas empoisonnés.

« Le potage est un potage aux nids d'hirondelles. Les confitures sont des confitures de coléoptères assaisonnées de miel, de citron, de gingembre et d'angélique.

« Le vin, messieurs, le vin que je vous a offert, et que je ne bois et ne fais boire que dans les grandes circonstances, la première bouteille vient des rives du Guadalquivir, et la seconde, la seconde, messieurs, l'avez-vous bien goûtée? Eh bien! c'est du Bourgueil retour des Indes.

— Bravo! Parfait! »

Nous croyons terminée la série de nos étonnements et nous nous préparons à quitter la table, lorsque notre aimable amphytrion ouvre une petite boîte recélant un flacon long de 15 pouces à peine, et recélant lui-même un enfant monstre. Horreur!

Veut-il nous le faire manger?

M. Campion nous laisse quelques minutes à nos méditations, sourit pour la seconde fois, et prend la parole :

« Messieurs, nous dit-il en nous montrant l'objet, cet enfant est un enfant indien de 30 cen-

timètres de longueur ; la tête porte des oreilles de
cochon par derrière, une trompe d'éléphant par
devant, deux yeux énormes qui se touchent, et

un nez de cochon. Une langue pointue sort d'une
bouche hideuse garnie de quatre dents ; son menton, fait comme une coquille d'œuf, n'a rien
d'humain. Le corps entier, porté par des pieds de

cochon, est recouvert d'une soie très-fine destinée
à le garantir des intempéries des saisons. »

Nous croyons notre hôte d'abord d'après ce que
nous voyons nous-mêmes, et ensuite parce qu'il
nous affirme avoir connu le père de l'enfant.....

Vous voyez d'ici le tableau. Si vous vous re-
fusez à me croire, allez y voir. C'est à Chargé
que cela s'est passé.

Bientôt après, le café nous est servi, un vrai
moka, et notre café pris nous sommes conduits
au premier, dans la chambre à coucher qui nous
est réservée.

Nouvelle surprise.

Un lit chinois, des chaises chinoises, un tapis
chinois, des petits Chinois sur la tenture, des Chinois dans deux verres, du tabac chinois sur une
table chinoise, tout est chinois. Allons, un peu
d'opium, et l'illusion sera complète.

Nous nous couchons, et si nous n'étions soldats, nous nous réveillerions en *pékins*.

« Pardon, mon lieutenant, je ne le ferai
plus. »

3o *décembre*. — De bon matin, nous nous levons remis de toutes nos émotions de la veille.

M. Campion complète son hospitalité par un excellent déjeuner tout à la française, et à midi, par un froid de loup, nous poussons une pointe jusqu'à Mosnes, où M. Foucault nous offre un verre d'excellent vin et un brin de feu pour nous dégeler. Après quelques minutes de halte, nous continuons notre excursion sans rien rencontrer, et rentrons à Chargé les mains vides.

Décidément nos beaux jours sont passés.

CHAPITRE XX

Nous retrouvons notre Capitaine — Très-ennuyeux à lire
1ᵉʳ janvier — Tristes étrennes — Il neige
Le Mans — Une consigne sévère — Les Gendarmes
M. Malleville.

—

31 *décembre.* — En route pour Tours : tel est l'ordre.

Le capitaine, de retour de Bordeaux, a rencontré les deux envoyés de la compagnie, et les a chargés de rapporter cet ordre. M. Hildenbrand n'est pas content, paraît-il. — Nous non plus.

Nous partons à neuf heures, et arrivons à Amboise à onze. Il neige.

Je commets une grossièreté stupide vis-à-vis de Sauvage.

En qualité de sergent-major, je dois faire la solde. — Resté en arrière pour chercher de la monnaie, je fais attendre la compagnie.

Les hommes grelottent. Le lieutenant s'impatiente. — Il paye.

J'arrive, ma besogne est faite. — Froissé, je m'emporte, et je vexe volontairement mon ami, si éprouvé ces jours derniers. — Je parle de démission, je la rédige et la lui remets.

Jamais je n'ai causé de plus grande peine que celle que je lui fais ressentir à ce moment.

Je le comprends. Je retire ma démission, et, en présence de la compagnie, je rétracte mes paroles blessantes.

Cette amende honorable me soulage le cœur. Je respire plus à l'aise.

Nous quittons cette ville à midi, et arrivons à Tours à six heures du soir.

Mon père, si désireux de me voir, vient de partir pour Bourgueil.

Les 32 kilomètres que nous venons de parcourir ne nous ont point paru longs, malgré le mauvais temps.

Cinq de nos camarades (Blondeau, Vivet, dit la Crevette, Avenet, Besson, Chéri) avaient or-

14

ganisé avec des baguettes de fusil une musique impossible, mais entraînante.

Ils marquaient le pas et nous faisaient marcher à ravir, en jouant des retraites et des variations sur les airs les plus connus et les motifs les plus à la mode et les plus nouveaux (Pipe en bois, le Bataillon d'Afrique, la Tante du Canard).

A sept heures, nous rencontrons le capitaine. Nous restons vis-à-vis les uns des autres dans une froide réserve.

A huit heures, réunion dans la salle Arrault. M. Hildenbrand veut s'expliquer devant les signataires de la protestation, et en présence des démissionnaires.

A huit heures, tout le monde est présent.

A huit heures cinq minutes, le capitaine arrive avec son pardessus de ville, sans aucun insigne de grade, comme il le fait remarquer lui-même.

Après nous avoir fait articuler les plaintes que nous avions à formuler contre lui, il nous affirme d'abord que jamais il n'a eu l'intention de quitter la compagnie, et que, quelque grade qu'on lui offre, il ne nous abandonnera jamais; que ce n'est point de sa faute si nous n'avons pas eu de ses nouvelles, car une dépêche, adressée par lui au lieutenant Sauvage, dépêche qu'il a confiée à un employé du ministère de la guerre le lendemain même de son arrivée à Bordeaux, n'est parvenue que la veille au soir, le 30.

Il nous rend compte du retard de cinquante heures qu'a éprouvé, au disque de Saint-Benoît, près de Poitiers, le train dans lequel il se trouvait, et nous explique enfin comment il n'a pu obtenir que ces jours derniers ce qui faisait le but de son voyage : la commission des officiers et les effets nécessaires à notre rééquipement.

Il termine en nous demandant si ces explications nous paraissent suffisantes.

Si elles nous semblent telles, il reste avec nous, sinon il est prêt à se retirer.

La séance est levée.

Une seconde réunion, où toute la compagnie aura le droit d'assister, se tiendra salle Panvert, demain à dix heures, 1er janvier.

1er *janvier* 1871. — A dix heures, tout le monde est présent. Je donne lecture du procès-verbal de la séance d'hier.

Les explications du capitaine ayant été acceptées par la grande majorité, la protestation au préfet est déclarée nulle et non avenue.

De son côté, le capitaine s'engage formellement à respecter à l'avenir le règlement dans tous ses articles.

En conséquence, M. Hildenbrand reste capitaine de la 5e compagnie.

Les treize démissionnaires maintiennent leur démission, et entrent soit dans les mobilisés, soit dans l'armée active.

C'est une perte sérieuse. — Comment les remplacer? — Il nous faut des recrues; mais celles que nous ferons, prises forcément au hasard, ne vaudront jamais les hommes que nous perdons aujourd'hui, fondateurs, pour ainsi dire, de la compagnie à son début.

Pauvre compagnie! éparse, disséminée, pourras-tu jamais redevenir, avec ton expérience, ce que tu as été à ton apprentissage?

Je demande pardon de ces longueurs à mes rares lecteurs qui n'ont point fait campagne avec nous.

Mais je dois à mes camarades de rapporter ces faits avec fidélité.

Aussitôt la question vidée, chacun de nous porte

dans sa famille, chez ses amis, ses souhaits de bonne année.

Des souhaits de bonne année! Hélas! le peut-on?

Notre infortune est si grande, le présent est si sombre, l'avenir est si triste, malgré les bonnes nouvelles que nous apportent les échos du canon.

Pauvres enfants! que d'étranges étrennes vous recevez cette année. Les dragées sont des balles; chassepots, canons et mitrailleuses servent de bon-bonnières.

2 janvier. — Après avoir passé la soirée du jour de l'an et la journée du 2 dans ma famille, je rentre à Tours le 3, à neuf heures.

Du 3 au 7 janvier. — La compagnie reste stationnaire jusqu'à la livraison de ses effets d'habillement.

La situation semble s'améliorer. — Curten occupe Châteaurenault, et a battu l'ennemi entre cette ville et Saint-Amand-de-Vendôme.

8 janvier. — Nous sommes rééquipés.

9 janvier. — La neige, qui n'avait pas paru depuis huit jours, tombe à flocons.

14.

A onze heures du soir, nous partons pour le Mans, où nous n'arrivons que le lendemain à dix heures du matin.

10 *janvier*. — Après semblable nuit passée en chemin de fer, nous croyons prendre repos et nourriture; mais pas du tout, nous sommes obligés de rester debout, l'arme au pied, sur la place des Halles.

Empêcher tout homme armé, soldat ou officier, d'entrer dans un café ou un restaurant : telle est la consigne de la gendarmerie.

Cet ordre du général Chanzy est motivé par le nombre considérable de traînards (parmi lesquels bon nombre d'officiers) qui abondent dans les cafés et établissements publics de toute sorte. Ces hommes en effet boivent de l'absinthe, discutent avec chaleur la *verte* et sa qualité, mais sont loin de se préoccuper de l'issue des batailles livrées aux portes de la ville.

Nous qui ne sommes pas dans le même cas, puisque nous devons dans peu d'instants nous remettre en route dans la direction d'Yvré, nous cherchons à nous procurer quelques victuailles. Mais Pandore ne connaît que sa consigne, n'écoute aucune explication, et arrête trois d'entre nous, dont Boetsch. Leur tort est d'avoir voulu acheter du pain.

Nous avons beau essayer de faire comprendre à la force publique qu'une compagnie entière parfaitement équipée et armée ne saurait constituer un corps de débandés.

Les gendarmes sont inexorables, et force nous est de nous laisser traiter comme des traînards.

De la neige jusqu'à la cheville, nous faisons pied de grue sur la place jusqu'à six heures du soir, heure à laquelle du pain nous est délivré.

Après un trop modeste repas, Doisteau et moi nous sommes chargés par le capitaine de trouver des logements. — M. Malleville met à notre disposition toute sa tannerie; son contremaître, que je ne louerai jamais trop pour son empressement dans cette circonstance, nous offre sa chambre, ainsi que celle d'un voisin complaisant.

Nous revenons joyeux pour annoncer cette bonne nouvelle à la compagnie, quand, sur le pont de la Sarthe, nous trouvons une de nos voitures, qu'accompagnent Blondeau, aide-major, et le capitaine.

Hildenbrand nous a attendus tout exprès pour nous informer que toutes nos démarches sont inutiles, et que les hommes ont été envoyés par lui sur la route de Laval, où ils se logeront comme ils pourront.

Notre mission a donc été remplie en pure perte.

A votre aise, capitaine ; mais ce n'était vraiment pas la peine de déranger de braves gens pour les remercier de cette sorte.

Doisteau et moi nous restons en ville, avec ordre de nous rendre le lendemain à la Place pour réclamer nos camarades arrêtés dans la journée.

LE MANS ET SES ENVIRONS

CHAPITRE XXI

Yvré-l'Évêque.

—

11 *janvier.* — Dès le matin, nous retrouvons au Mâns le capitaine avec plusieurs de nos hommes, et nos camarades mis en liberté de bonne heure. — Du pain nous est donné ; une voiture le conduit à la compagnie, sur la route de Laval. — Nous l'escortons. — Chacun sort de son gîte, absorbe à la hâte son maigre déjeuner, et, au premier coup de sifflet, nous voilà en route pour Yvré. Il nous faut traverser le Mans de nouveau.

Aux portes de cette ville, nouvelle série d'hu-

miliations. — Impossible d'entrer. — Presque
bousculés par les gendarmes, nous protestons de
toutes nos forces.

Hildenbrand, quoique extrêmement fatigué de
la dernière nuit passée dans la voiture, et rongé
par une fièvre intermittente, compliquée d'un
très-gros rhume, aborde résolûment les gendarmes, et leur fait comprendre que, lorsqu'une
compagnie va volontairement se faire casser la
g...le pour le service de la patrie, c'est une indi-
gnité que de lui barrer le passage.

Nos protestations et les paroles énergiques du
capitaine font leur effet : les gendarmes sont
convaincus, la consigne est levée, et à deux heures
après midi nous arrivons à Yvré, par la route de
Paris, au plus fort de la bataille.

Nous nous postons dérrière le cimetière en attendant des ordres.

De tous côtés le canon gronde.

On se bat sur les deux rives de l'Huisne :

Sur la rive droite, à Lombron et à Montfort,
où le 21ᵉ corps forme notre gauchè ;

Sur la rive gauche, au plateau d'Auvours et
sur les hauteurs de Pontlieue, défendus par le
17ᵉ et le 16ᵉ corps.

Nous sommes par conséquent juste au centre de la ligne française.

A ce moment, quelques obus, lancés des hauteurs de Changé par les Prussiens, viennent éclater jusque sur la route et dans le cimetière, au-dessus duquel est installé notre parc de réserve.

Ces coups sont à peine tirés que l'infanterie ennemie gagne le vallon de l'Huisne, tourne le château des Arches, descend par le château des Noyers, et vient occuper, sans se découvrir, les bois de sapins qui sont à peu de distance.

Tandis que leurs tirailleurs avancent lentement, trois mitrailleuses américaines sont mises en batterie sur la route. Admirablement servies par les marins (commandant Perron), elles ripostent avec avantage à l'artillerie prussienne, et arrêtent le mouvement tournant tenté contre le 17e corps.

Destinés à leur servir de soutien, nous sommes postés sous les épaulements du Luart.

Nous n'y restons pas longtemps. Les tirailleurs ennemis avancent, avancent encore, et sont à peine à une portée de fusil de la route.

Le général de division Gougeard (division de Bretagne, 21e corps) arrive au galop, nous fait quitter notre position et nous lance contre l'ennemi.

Nous traversons rapidement le terrain qui nous sépare de la ligne du chemin de fer.

Là il nous faut sauter un talus d'au moins quinze pieds de contre-bas. Nous sommes complétement découverts. Les balles pleuvent autour de nous.

Un moment d'hésitation peut tout perdre. — Nos officiers le comprennent. — Sauvage saute le premier, le capitaine enjambe le second, Thierry, Boisseau suivent, et en un clin d'œil toute la compagnie dégringole sur la chaussée du chemin de fer.

En toute autre circonstance, c'eût été comique de voir tous ces hommes sauter comme des moutards et chercher à arriver premiers.

Nous nous déployons en tirailleurs, tirons sans précipitation et rejetons l'ennemi au delà de la rivière.

Nous gagnons ainsi, toujours en tirant, l'avenue de peupliers qui longe l'Huisne et nous embusquons derrière chaque arbre.

Le feu de l'ennemi continue sans nous atteindre.
-- L'infanterie tire trop bas, l'artillerie trop haut.

A. DENIS

E. JOUARD . SC

— Du reste, nous ne sommes pas l'objectif des boulets ennemis. Ils cherchent avant tout à démonter nos mitrailleuses qui, fouillant les sapins occupés par les Allemands, leur causent des pertes considérables.

A quatre heures, Sauvage et moi, chargés de demander des vivres à Yvré, nous obtenons du commandant d'artillerie la promesse de nous en envoyer aussitôt que faire se pourra.

A quatre heures un quart, une dépêche arrive : « Tout va bien. »

Nous courons la communiquer à nos amis. — Une balle passe entre nous deux et tue un cheval du train auxiliaire. Sauvage se retourne inquiet : « Es-tu blessé ? » Je me tâte : « Non. — Moi non plus. »

Sans autres émotions, nous arrivons enfin sur le bord de la rivière parfaitement valides tous les deux.

A quatre heures et demie, le feu diminue sensiblement sur la droite et devient d'une intensité incroyable sur la gauche.

Le centre tient bon.

A cinq heures, le capitaine reçoit pour lui et sa compagnie les compliments du général

15

Gougeard pour le brio avec lequel nous avons exécuté la dégringolade du talus du chemin de fer (1).

A cinq heures et demie, le feu cesse des deux côtés, quelques coups de fusil isolés troublent seuls le silence et se répercutent au loin.

Les blessés abondent dans le village, sur la route, partout.

Pas de résultat définitif pour la journée. Chacun garde ses positions. — De grands feux sont allumés par les Prussiens dans la direction de Changé.

A six heures, une reconnaissance est organisée ; elle se compose de quelques hommes, du caporal

(1) Note tirée de l'ouvrage publié par le général Gougeard :

Page 54. — Le 12 janvier au matin, le ciel était sombre et brumeux ; à neuf heures, il faisait à peine jour.

Profitant de cette circonstance favorable à l'attaque, l'ennemi voulut de nouveau traverser la rivière et forcer la chaussée du chemin de fer ; mais les francs-tireurs de Tours les repoussèrent vis-à-vis de la passerelle.

Page 64. — Le jour de la bataille du Mans, la compagnie de Tours vint à Yvré-l'Évêque demander des vivres et offrir ses services. Mise en position devant la passerelle du moulin, elle en défendit l'accès, jusqu'au moment de la retraite, avec une vigueur au-dessus de tout éloge.

Martinez, jeune homme de vingt ans fort intré-
pide, et d'un sergent-major de la ligne qui sert
volontairement dans nos rangs, après avoir perdu
sa compagnie.

La reconnaissance est poussée jusqu'auprès du
moulin situé à l'extrémité d'un pont de pierres
jeté sur la rivière.

Deux sentinelles se présentent. — «Qui vive?
s'écrie Martinez. — Werda?» Elles ont dit, elles
tombent.

Les Prussiens ripostent ; la compagnie arrive
et les fait reculer.

Il était facile à ce moment d'occuper le moulin,
car plusieurs hommes purent entrer dans la cour
sans être inquiétés ; mais nous avions reçu l'ordre exprès de ne pas quitter la rive droite.

A sept heures, des grand'gardes sont organisées,
tandis qu'une partie de la compagnie se tiendra,
sous le commandement du lieutenant, dans une
fabrique d'allumettes chimiques située à une
vingtaine de mètres de l'avenue.

Le capitaine va prendre position dans une
maison de plaisance où il pourra se reposer quelques heures. Dix hommes l'accompagnent, et, de
cette maison qui domine le chemin de fer, ils

pourront surveiller la vallée au-dessus du moulin et nous prévenir en cas d'alerte.

A neuf heures, le lieutenant chargé de surveiller les sentinelles se dispose à faire garder la passerelle située à 2 ou 3oo mètres au-dessous du pont de pierres. En y arrivant, il y trouve les tirailleurs toulonnais, au nombre d'une cinquantaine d'hommes, qui se chargent de la besogne.

A dix heures, l'infanterie prussienne fait une reconnaissance jusque sur la rive gauche de la rivière. Sur la rive droite, le sergent Thierry veillait avec une escouade.

« Qui vive ? Qui vive ?... Qui vive ?... »

Rien...

Feu.

Les Prussiens se couchent à plat ventre, mais pas assez promptement pour ne pas avoir quelques hommes touchés qui restent étendus sur la neige.

Une fusillade s'engage après cette tentative, mais sans grand résultat, l'obscurité nuisant à la justesse des coups.

Onze heures. — Le froid devient de plus en plus vif. L'une des sentinelles (Sejault) tombe à moitié gelée, et serait infailliblement morte si son

camarade (Petit) ne s'en était aperçu. Des soins
et des frictions la ramènent promptement à la vie.
Il n'en est pas de même d'un malheureux lignard
gelé, que tous les soins possibles ne peuvent ramener à la vie.

12 *janvier*. — A une heure du matin, du
pain, de la viande et de l'eau-de-vie nous sont
apportés. Le commandant de l'artillerie a fait
honneur à sa parole.

Les hommes, éreintés, boivent quelques gouttes
de chnique et attendent le jour pour utiliser le
reste. En tout cas, merci.

A trois heures, le lieutenant s'avance seul dans
la nuit jusque sur le pont, et acquiert la certitude

15.

que les Prussiens ont réoccupé le moulin. Les observations du sergent Hubert, chargé de faire des rondes de nuit, concordent parfaitement avec l'appréciation du lieutenant.

Toute la nuit l'ennemi inquiète nos grand'-gardes, et réciproquement; mais les diverses escarmouches qui ont eu lieu ne donnent d'autre résultat que d'affirmer aux uns et aux autres leur nationalité.

Quatre heures. — Le commandant du génie chargé de faire sauter le pont se rend sur les lieux accompagné du caporal Lunais.

Six heures. — Les sapeurs sont prêts. Nous devons les protéger.

Avant de partir, le lieutenant propose au commandant d'enlever le moulin à la baïonnette. Le commandant refuse. Ordre est donné de ne pas s'engager de l'autre côté de la rivière.

Six heures et demie. — Nous quittons la fabrique d'allumettes chimiques; lentement nous parcourons l'avenue. Nous arrivons jusqu'au pont, le lieutenant en tête.

Rien que le silence.

Sauvage m'expédie au commandant du génie pour le prévenir que rien ne s'oppose à la réussite de son opération. J'y cours, et je reviens avec les sapeurs. A peine suis-je arrivé à mon poste, qu'un feu de peloton est dirigé sur l'avenue.

L'ennemi, qui n'avait aucun soupçon de notre présence, tant notre marche dans l'avenue avait été prudente et habilement conduite, s'était parfaitement aperçu de la manœuvre du génie.

La première décharge produit parmi les hommes du génie une sorte de stupeur. Deux des leurs sont touchés; le reste hésite un instant, et recule jusqu'à l'extrémité de l'avenue, abandonnant sacs et tonneaux. Leur capitaine parvient à les rallier, et dirige un feu assez nourri sur le moulin.

Je n'aurais pas cru que de vieilles troupes pussent être si impressionnables.

Les tirailleurs toulonnais préposés à la garde de la passerelle tirent, eux aussi, sur le moulin.

Quant à nous, séparés seulement des Prussiens par la rivière, qui, à cet endroit, n'a guère plus de six mètres de largeur, nous échangeons une fusillade des plus vives.

Sept heures. — Le petit jour arrive. Foucault tombe derrière moi. Je le crois tué, il est seulement étourdi : une balle lui a traversé le poignet.

Manceau tombe lui aussi ; il a la cuisse droite percée. Charles Liéron a le canon de son fusil fracassé.

Les Allemands tirent toujours sans grands résultats ni grandes pertes. Le nombre de ces animaux-là grandit à chaque instant. Leurs coups sont tellement réitérés que, par moment, le moulin en est éclairé.

A huit heures, en présence de l'abandon du génie, le lieutenant, comprenant l'inutilité de la tentative, commande la retraite et reste le dernier.

La retraite s'opère doucement, d'arbre en arbre, sans désordre, sans confusion.

De distance en distance, les hommes se retournent, tirent, font quelques pas, rechargent et tirent encore.

Une douzaine de francs-tireurs, quelques sous-officiers et le lieutenant restent en arrière pour couvrir la retraite et arrêter les Prussiens s'ils veulent nous poursuivre.

Nardeux, zouave en convalescence, qui, plutôt que de rester inactif, a préféré il y a deux jours entrer dans nos rangs, se retire un des derniers. Une balle le frappe au talon. Nardeux roule dans le fossé. Heureusement Sauvage l'aperçoit ; il

court à lui, m'appelle, et à nous deux nous le relevons.

A neuf heures, le capitaine envoie à Yvré Liéron, vaguemestre porte-drapeau, pour demander des ordres au général.

Comme sergent-major, le drapeau me revient de droit.

A neuf heures et demie, Liéron rapporte, avec un encouragement très-flatteur pour la compagnie, l'invitation expresse de garder la position jusqu'à la dernière extrémité.

Tout est perdu. L'armée bat en retraite. Il faut nous sacrifier pour empêcher les Prussiens de percer entre Sargé et le Mans.

Hier soir tout allait bien. L'ennemi, repoussé sur toute la ligne, se préparait à la retraite. Il n'avait pas gagné un pouce de terrain.

Le plateau d'Auvours, qu'il avait pu arracher un moment aux troupes des divisions Paris et Gougeard, avait été repris à la baïonnette par ce général à la tête du 1er bataillon de zouaves pontificaux (le même qui avait fait avec nous la charge de Loigny), soutenu par des bataillons de mobilisés bretons.

Le mouvement tenté par les Prussiens pour

occuper le vallon de l'Huisne par les rampes du château des Arches et du chemin aux Bœufs avait échoué sous le feu des batteries du Luart et des mitrailleuses américaines que nous protégions.

Enfin, des hauteurs du château de l'Epau et de Pontlieue, le 17e et le 16e corps avaient tenu les Allemands en échec, et leur avaient fait éprouver des pertes considérables.

Tout jusque-là allait merveilleusement, lorsque les mobilisés de la Bretagne du général de Lalande, armés depuis quelques jours seulement, et arrachés la veille au camp de Conlie, sont pris d'une épouvantable panique, en présence d'un bataillon prussien qui venait faire un retour offensif à la nuit tombante.

Les mobilisés étaient 8 à 10,000. La terreur les fait fuir pêle-mêle dans toutes les directions. Ils abandonnent la position de la Tuilerie qui domine la route de Tours, et les positions à droite jusqu'à la route de la Flèche.

Cette débandade fut le début du désordre de la retraite de notre malheureuse armée.

Ce fait, d'une extrême gravité, pouvait encore se réparer par une attaque de nuit vigoureusement conduite.

L'ordre en fut donné; mais les généraux qui devaient l'opérer ne purent jamais y conduire leurs jeunes troupes non exercées, mal entretenues, peu ou point nourries.

Après une journée de combats victorieusement soutenus, la retraite était devenue impérieusement nécessaire.

. . . .

Mais je reviens à ma compagnie.

Après avoir reçu l'ordre de rester quand même, nous reprenons notre position derrière les arbres de l'avenue.

A neuf heures et demie, une compagnie du 25e de ligne, capitaine Lyonnet, nous est adjointe.

Viennent ensuite une compagnie du 97e et des mobilisés d'Ille-et-Vilaine, qui ne font que paraître et disparaître.

Le génie et les tirailleurs toulonnais nous abandonnent à leur tour.

Seuls, nous restons avec la compagnie Lyonnet, n'ayant plus rien à manger, rien à boire, que de l'eau mélangée de neige terreuse.

Si, en pareil cas, la faim est une souffrance, la soif devient un supplice. La neige cause une chaleur intérieure qui se traduit par une altération fiévreuse.

La situation devient intolérable. Couchés sur la neige, embusqués derrière les arbres, nous n'avons d'autre distraction que de tirer de temps à autre sur les Prussiens blottis dans le moulin et ses dépendances.

Avoir à courir les dangers d'une véritable bataille sans la chaleur de l'action, ce n'est vraiment pas gai.

A dix heures, Doisteau, caporal-fourrier, soldat très-brave, fatigué de nous voir tirer sur un ennemi presque invisible, quoique fort rapproché de nous, part à la recherche d'un casque pointu.

Il fait quelques pas à peine. « Touché, dit-il

avec beaucoup de sang-froid. — Qu'as-tu? — Presque rien, j'ai écopé au bras. »

Sa blessure, sérieuse sans gravité apparente, l'oblige à quitter les rangs; il s'en plaint amèrement.

Les Prussiens continuent à tirer sur nous avec autant de rage que de maladresse. Mon drapeau, leur point de mire, est à peine effleuré, malgré le nombre considérable de balles dirigées sur lui.

Onze heures, midi, une heure. Rien de neuf.

La température est insupportable, et, pourvu que cela continue une partie de la journée, nous ne pourrons plus tenir.

Le froid est tel que les balles ne sont plus que le cadet de nos soucis.

Amédée Blondeau, après avoir pansé nos blessés, brave les balles et nous apporte une goutte d'eau-de-vie qui nous remet un peu de baume au cœur. Merci, docteur.

A trois heures, le feu ennemi gagne sur nos deux ailes, du côté d'Yvré et du côté du Mans.

Du village même, des coups de fusil nous sont tirés, les Prussiens y sont, les Français l'ont évacué à midi.

On nous a oubliés.

16

CHAPITRE XXII

Les Prussiens au Mans —Nous sommes cernés—Mon évasion
Werda — Sauvage s'échappe
Son évasion et ses armes — Nous sommes vingt-quatre.

—

A trois heures et demie, avec la compagnie Lyonnet, nous procédons lentement à notre retraite, sans aucune indication de route à suivre.

Le capitaine, voulant rejoindre nos bagages au Mans, nous dirige sur la ville par le chemin de l'Éventail.

Notre attitude en a tellement imposé à l'ennemi, qu'il reste prudemment sur la rive droite de l'Huisne, plutôt que de poursuivre cette poignée d'hommes.

Il nous croit encore dans la fabrique d'allumettes, et la crible de ses balles avant de s'y aventurer.

En route, nous rejoignons les tirailleurs toulonnais et quelques traînards de toute arme. En
tout 200 hommes valides ; car le feu, le froid et
les privations en ont mis bon nombre hors de
combat. Il ne restait que très-peu de cartouches.

Nous approchons de la ville. Pas d'arrière-pen-
sée. Pas d'inquiétude.

A quatre heures et demie, nous sommes aux
portes. — Une brave femme nous avertit que les
Prussiens occupent la place des Jacobins. — Nous
n'en croyons rien, et poursuivons notre route.

Précédés des tirailleurs toulonnais, nous entrons sur le boulevard ou plutôt dans la rue du
Général-Négrier. — Arrivés à la hauteur du
café du Chalet, nous sommes accueillis par une
fusillade très-corsée. L'infanterie prussienne nous
canarde de l'extrémité de la rue.

En même temps, la cavalerie prussienne dé-
bouche à l'autre bout, et occupe le chemin de
l'Éventail, par où nous sommes arrivés.

Nous sommes cernés.

Les Toulonnais, mis en désordre par les dé-

charges réitérées de l'infanterie prussienne, se retournent, bousculent notre compagnie, en rom-
pent les rangs et la dispersent. Une quarantaine
de lignards, presque tous jeunes, mettent la crosse
en l'air.

Le tumulte est à son comble, le désarroi général. — Sauve qui peut. — Chacun est livré aux
conseils de son propre courage et de son inspira-
tion personnelle.

Beaucoup cherchent à fuir, le reste se jette
dans les maisons. — Les coups de feu que nous
tirons des fenêtres arrêtent l'ennemi, et pour un
instant nous ne le voyons plus.

Mais, hélas! tout le quartier est entouré. Notre
position est désespérée.

Moment suprême, où le cœur pleure au souvenir de tout ce qui vous est cher.

Je me réfugie avec plusieurs de mes camarades
dans une sorte de mansarde occupée déjà par le
capitaine Lyonnet, quelques lignards et des Toulonnais.

Les habitants de la maison, la famille Bellanger, nous reçoivent assez mal pour qu'un jour
un remords les fasse se repentir de leur mauvaise
action.

Le capitaine Lyonnet, seul officier présent, est fort abattu, et ne prend aucune mesure pour nous tirer de ce mauvais pas.

Vers sept heures, je descends dans la rue, les Prussiens entrent pour exercer des perquisitions dans la maison où nous nous sommes réfugiés.

Je rentre immédiatement, je saute par-dessus un petit mur et préviens mes camarades de ce qui se passe. — Il faut s'échapper à tout prix ou se constituer prisonnier.

Ceci, jamais !

J'arrache de la hampe mon drapeau que je cache sous ma chemise. J'invite mes camarades à me suivre. Boisseau, Liéron, Besson m'accom-

16.

pagnent. J'entraîne au passage Thierry, Palatre et un tirailleur toulonnais.

Les larmes aux yeux, nous nous séparons de nos armes et les cachons dans une buanderie.

Nous sortons dans la rue. En haut, en bas, partout des Prussiens. Il faut tenter l'évasion.

Nous marchons au hasard, sans plan déterminé, confiants dans notre étoile. Nous arrivons jusqu'au *Chalet*. J'enlève à prix d'argent à une canaille de charretier d'ambulance quelques effets qui nous permettent de nous déguiser à moitié. Je dis canaille, car le misérable spécule honteusement sur nous, et nous menace de crier si nous ne payons pas le prix qu'il nous demande.

Il n'y a pas à hésiter; à dix pas il y a un poste ennemi.

Au lieu d'étrangler *généreusement* notre charretier, nous lui octroyons une centaine de francs en échange de vieilles loques que nous nous partageons. Tous, nous avons gardé nos pantalons d'uniforme. Quelques-uns ont tout simplement retourné leurs vareuses.

Mon parti est pris.

Je vais droit au poste situé sur la place des Jacobins :

« Werda ?

— Des ouvriers. »

Je suis conduit à l'officier de garde, qui me questionne en assez bon français, pendant que mes camarades sont gardés à vue.

J'ai beaucoup de peine à convaincre l'officier

allemand que nous ne sommes pas des soldats, mais bien des ouvriers tanneurs, et, qu'en qualité de contre-maître, je conduis mes hommes à la fabrique de M. Malleville.

Enfin, on nous laisse passer. Nous traversons la place. Une masse de soldats prussiens à moitié soûls crient, hurlent et gambadent.

Nous avons la douleur de voir brûler une quantité considérable de chassepots abandonnés par nos troupes.

Au second poste, nouvelle humiliation. Il faut me laisser tâter, fouiller. Mon émotion est à son comble. Je me domine cependant. Ma physionomie ne laisse rien voir de mon inquiétude.

Les sales mains prussiennes froissent mon drapeau.

Ma longue-vue crève les yeux de nos ennemis.

Ma sacoche ouverte leur livre ma liste d'appel, des cartes et un porte-monnaie vide. Une poche pratiquée dans le fond de mon pantalon recèle la fortune de notre petite troupe.

Tout cela passe inaperçu.

L'officier donne l'ordre de nous rendre la liberté. Nous respirons. Nous nous croyons sauvés. Pas du tout : une sentinelle nous fait rebrousser chemin et nous ramène au poste.

J'affirme de nouveau notre qualité d'ouvriers tanneurs, et je demande quatre Prussiens pour nous conduire. Cette demande de protection lève les appréhensions ; nous sommes immédiatement relâchés. Les imbéciles!

Et penser que ce sont ces idiots-là qui nous ont rossés d'une si rude façon.

Avant de gagner la route d'Alençon, nous
sommes pris d'une belle peur : un grand feu nous
fait craindre de tomber dans les avant-postes ennemis. Nous nous avançons à pas de loup. Nous
nous sommes heureusement trompés. Ce feu est
celui d'un berger qui garde tranquillement ses

moutons à deux pas de la ville. Je ne désespère
pas d'apprendre qu'il les a le lendemain conduits
aux Prussiens.

Nous sommes enfin sur la route d'Alençon, et
gagnons la Bazoge à travers les voitures et les
troupes qui encombrent la route.

Il est onze heures : pas de gîte. Enfin, à minuit,
à force de recherches, nous trouvons asile chez

M. Tascheau, ouvrier d'un excellent cœur. Il nous offre son unique chambre. Tous les six nous nous asseyons sur un banc.

Une flambée, une soupe à l'oignon, un bout de pain, du fromage, nous permettent de passer la nuit sans trop de souffrances physiques.

13 *janvier*. — Le matin, à cinq heures, j'examine ma carte et consulte mes amis.

Nous nous dirigeons sur Conlie. Si nous ne rencontrons pas en route assez de camarades pour reconstituer la compagnie, nous nous mettrons à la disposition des autorités militaires.

Après avoir traversé la Chapelle-Saint-Eray et Domfront, nous arrivons vers dix heures.

Un boucher nous vend de la viande, du pain, et nous autorise à nous reposer chez lui.

A midi, nous repartons.

Tout à coup Boisseau pâlit et rougit tout à la fois.

« Jules! Jules! » appelle-t-il.

Il vient de reconnaître notre lieutenant accompagné de quelques francs-tireurs porteurs de leurs uniformes et de leurs armes.

Nous nous jetons dans les bras les uns des

autres; nous rions, nous pleurons, nous sommes
presque heureux.

Revenus à nous, la première pensée du lieute-

nant fut pour le drapeau, qu'il supposait brûlé.
Je le lui montrai.

Brave Sauvage, à toi revient l'honneur de la
direction de nos attaques des 11 et 12 à Yvré-

l'Evêque, à toi l'honneur d'avoir sauvé tes armes.

Voici le récit de son évasion dans sa plus grande exactitude :

Aussitôt la bousculade des Toulonnais, le lieutenant se réfugie dans une maison, après avoir vainement essayé d'arrêter la débandade.

Résolu à ne pas se laisser faire prisonnier, il sort, traverse une cour, la rue, saute par-dessus un mur, et roule de l'autre côté dans un terrain vague.

Ses camarades le croient tué, tant les coups de feu dirigés sur lui ont été nombreux. Il se relève meurtri, et voit dans un chantier de bois quelques hommes de la compagnie. Il les rallie et s'engage entre le chemin de l'Eventail et la route de Bonnetable, tous les deux occupés par les Allemands.

Sauvage et ses hommes reçoivent alors un feu croisé qui ne les touche pas. Ils continuent leur chemin. Le lieutenant avait heureusement consulté sa carte le matin, et savait qu'en se dirigeant sur Sargé il pouvait échapper à l'ennemi. Les feux de peloton que la petite troupe reçoit de la route de Bonnetable rendent sa position des plus périlleuses.

Sa marche dans un pied de neige, à travers champs, vergers, haies et fossés, est écrasante.

Sauvage tombe épuisé; il indique à ses compagnons d'armes le chemin à suivre et les prie de l'abandonner.

Aucun ne consent à un pareil sacrifice. Tous attendent qu'il ait repris respiration, et, après une lieue parcourue sous le feu de l'ennemi, ils

peuvent dépasser les postes prussiens, retrouvent les convois de l'armée, et arrivent le soir à Neuville-sur-Sarthe.

Ils sont sauvés; ils se comptent, et sont huit seulement : le lieutenant, Joly, Tazières, Coupette, Boulla, Bertin, Huot François, Berger. Tous ont leurs armes.

17

Dans leur course à travers champs ils ont perdu deux hommes : Bonnigal et Hervé. Bonnigal est fait prisonnier. Hervé, caché dans une *hure* (lisez arbre creux), échappa aux recherches de l'ennemi, et revint nous trouver quelques jours après.

Le lendemain matin, de très-bonne heure, la petite troupe de Sauvage part, passe la Sarthe sur la glace, et prend la route de Conlie, où elle arrive juste à temps pour nous rencontrer.

Nous sommes donc quatorze. Sauvage organise notre ligne de retraite par Sainte-Suzanne, Vaisges, Bazougers, Villiers, Charlemagne et Château-Gonthier. De là nous gagnerons Saumur, Bourgueil et Tours, si nos jambes et l'ennemi le permettent.

La première idée du lieutenant était de passer par Sablé. Cette route, plus courte il est vrai, pouvait nous jeter dans les bras des Prussiens; la seconde fut choisie.

A une heure, nous sortons de Conlie. Nous retrouvons, conduites par Combes et Chesneau, nos voitures, parties d'Yvré le 12 au matin, avec quelques-uns de nos blessés, de nos malades, au nombre de dix. L'effectif de la compagnie ralliée se trouve porté à vingt-quatre hommes.

A neuf heures du soir, nous arrivons auprès de Neuvillette.

Craignant de trouver le village occupé par les troupes, nous nous arrêtons sur le bord de la route, dans une ferme où grouillent des soldats de toutes armes et les francs-tireurs de Montévideo. Nous faisons connaissance, nous fraternisons et partageons l'hospitalité du fermier. Sa réception fort cordiale manque totalement de confortable. Mais on est bien forcé d'aimer ce que l'on a quand on n'a pas ce que l'on aime.

CHAPITRE XXIII

Quelle retraite — De Conlie à Château-Gonthier
Nos souffrances — Notre arrestation — Un poste allumé
Le plus beau des gardes nationaux — M. de la Couture
Général Michel et Cathelineau — Le pont saute
Deux coups de feu — Un journal consciencieux
Proclamation du Sous-Préfet — Vive la République !

—

14 *janvier.* — Nous partons de bon matin. Nous traversons Neuvillette.

Quelle retraite !

Je n'ai point assisté à la retraite de Russie, causée par l'ambition effrénée du premier Empereur; mais cette retraite du Mans, suscitée par la stupidité criminelle du second, n'est pas moins effroyable.

Tout le long des routes, des chevaux mourants achèvent de crever sans avoir la force de hennir.

Les hommes, abrutis et insensibilisés par des
privations sans nombre, se traînent péniblement
dans la neige et ne se plaignent plus.

Après Neuvillette, la déroute s'affirme de plus
en plus.

Partout des caissons vides, des affûts dépourvus
de leurs canons.

Pas de fourrage pour les chevaux, pas de pain
pour les hommes. Depuis trois jours hommes et
bêtes vivent d'abstinences de toutes sortes.

Les hommes mendient un peu de pain sur leur

passage. Les animaux broutent le tronc des arbres et boivent la neige.

A Torcé, un conducteur de bestiaux pousse des bœufs étiques devant lui.

Un de ces animaux tombe; à peine s'il peut se relever. Il nous est offert gratis. Nous ne pouvons que refuser cette générosité. Nous avons trop de peine à nous traîner sans emporter avec nous un surcroît de bagages.

Si encore le bœuf était cuit.

Nous continuons notre route, nous passons Viviers et Sainte-Suzanne. Entre ce village et Vaisges, tout près de Chammes, nous sommes témoins d'une chose navrante : le fer de la roue de rechange d'un caisson est rongé et les raies sont presque entièrement mangées par des mulets affamés.

A huit heures du soir, nous arrivons à 2 kilomètres de Vaisges.

Nous demandons l'hospitalité dans une ferme, où déjà sont installés des hussards. MM. les cavaliers sont assez peu polis, et ne paraissent guère disposés à partager leur grange avec nous.

Enfin, nos instances et surtout la *crânerie* de Sauvage décident le fermier à nous loger dans un

RETRAITE DU MANS A CHÂTEAU GONTIER 12, 13, 14 ET 15 JANVIER 1871.

affreux taudis où nous gelons littéralement. Nous sommes toutefois heureux de trouver cela.

Rude journée tout de même. Quarante kilomètres dans les pattes. De la neige au-dessus de la cheville. C'est dur.

« Qu'en dis-tu, mon vieux Thierry. Tiens,

vois-tu, Achille, tu es bon marcheur, tu as des jambes et du cœur. Mais, aïe.

« C'est l'estomac. »

15 *janvier*. — Soulgé-le-Bruant, Bazougers, Villiers-Charlemagne. Ouf... Respirons.

Oh! Villiers-Charlemagne, c'est dans tes murs qu'une sabotière jeune et pas belle m'offre une

paire de sabots et un déjeuner peu substantiel.
Le tout *comptant sans escompte.*

En revanche, une autre dame nous reçoit sans
argent. Contents nous sommes, et gais nous partons.

A dix heures du soir, nous arrivons à Château-
Gonthier.

Les autorités de la ville et la compagnie de
sapeurs-pompiers ne viennent point au-devant
de nous.

Sauvage et moi nous allons à la mairie demander des billets de logement. On nous envoie au
poste.

Au lieu d'être reçus comme des évêques en
tournée épiscopale, nous sommes bel et bien arrêtés comme malfaiteurs, traînards et espions. —
Rien que ça.

Oh! maman, que je boirais bien une tasse de
lait au lieu d'avaler ce bouillon-là.

Nous protestons et réclamons encore une fois
des billets de logement.

« Très-bien, nous répond le chef de poste d'un
air malin. Des billets de logement, voilà. Vous
êtes servis. Nous vous gardons au poste. Remet-
tez-nous vos armes, et vite.

— Ah çà, vous blaguez, mon officier. »

Vous, nous garder ?

Mais avec quoi donc ?

Avec vos flingots de carton.

Vous n'y pensez pas !

Le poste chauffé, les gardes nationaux encore plus échauffés, nous communiquent leur chaleur et nous font bouillir le sang.

Nous refusons très-vertement de nous laisser désarmer, et manifestons impérieusement le désir

de quitter l'agréable compagnie de MM. les gardes nationaux.

Le maire arrive.

Il est temps, sans cela il y aurait de la brouille
dans le ménage, et l'ordre serait troublé dans
Landerneau.

M. le maire nous offre l'église pour y coucher.
— Est-ce assez réjouissant pour des hommes à
demi gelés.

Si le bon Dieu n'est connu des fidèles que dans
de semblables circonstances, à coup sûr il perdra
tout crédit dans le pays.

Nous refusons, et obtenons l'autorisation de
coucher *à nos frais* où bon nous semblera.

Sous la conduite de deux gardes nationaux,
MM. Dauphin et Guitton (oh ! les beaux hommes),
nous rejoignons nos camarades à l'hôtel du *Faisan.*

Tout le long des rues, nos cornacs, pour effacer
la mauvaise impression de la première entrevue,
sont entrés vis-à-vis de nous dans des offres de
libations et de soupe à l'oignon, que notre pudeur
aurait dû refuser, mais que notre faiblesse nous a
permis d'accepter.

Hélas ! nos deux gardiens, dans le trajet, ont
grandi de la hauteur d'un plumet.

Rentrés au poste, à peine s'ils s'apercevront de la sobriété relative de leurs camarades.

Enfin, nous nous couchons.

16 *janvier*. — A cinq heures du matin. — Pan, pan.

« Qui est là?

— Au nom de la loi, ouvrez. »

Réveillés en sursaut, nous attendons quelques minutes en nous frottant les yeux.

Un repan pan formidable fait trembler la maison et enfonce la porte.

Nous voyons surgir, titubant un peu, le plus beau des caporaux des gardes nationaux de la ville de Château-Gonthier.

« Que voulez-vous de nous, aimable guerrier? »

Il hésite un instant; notre costume léger l'intimide.

« Messieurs... c'est pas... moi... ... c'est... M. le... sous-préfet... qui m'envoie... vous quérir.

— Arrêtons-nous ici, gracieux jeune homme, et reposez une minute vos jambes fatiguées par une nuit de garde, d'insomnie et de hoquet. »

Notre caporal s'assied, se repose et s'endort.

Tableau !

Son sommeil est agité, sa voix chevrotante murmure avec émotion quelques mots d'amour et de guerre.

Il s'attendrit.

Un pleur vient humecter sa paupière.

Au bout d'une demi-heure, réveillé par ses propres ronflements, il s'écrie : « Qui vive ? »

Il se remet de sa surprise, et nous indique vaguement l'objet de sa visite.

Il doit nous conduire à la sous-préfecture.

Nous obtempérons sans difficulté au susdit ordre, à cette différence toutefois que les rôles sont intervertis. Il doit nous conduire, c'est tout le contraire qui arrive.

A six heures, nous sommes dans la chambre à coucher du premier magistrat de la ville, chambre modeste s'il en fut.

M. de la Couture est fort étonné d'être éveillé à pareille heure, et demande au représentant de l'autorité militaire de la localité pourquoi il vient ainsi flanqué de deux honnêtes soldats.

Pauvre caporal ! Il n'en sait rien lui-même, et ne peut que donner une explication très-*barbotée*.

La situation devient tendue. Nous nous jetons

au secours de notre guide, et pour l'empêcher de se noyer tout à fait, nous faisons à M. le sous-préfet le récit des journées du 11 et du 12, et lui racontons notre évasion du Mans.

M. de la Couture, galant homme, très-bien élevé, quoique républicain, nous fait lire l'ordre formel qu'il a de diriger sur Laval tout soldat et tout corps isolé.

Il consent cependant à ne pas nous faire accompagner par la garde nationale ou les gendarmes.

Tant pis, c'eût été réussi. Et puis, je les aime, moi, les gendarmes!!!

Nous avons alors la permission d'aller nous recoucher, et l'ordre d'attendre de nouvelles instructions avant notre départ.

17 *janvier*. — Nouvelle visite à la sous-préfecture.

Nous resterons à Château-Gonthier à la disposition du sous-préfet pour la défense de la ville, s'il y a lieu. — Tant mieux.

A deux heures, je rencontre Fouassier, un de mes amis, convalescent d'une blessure reçue le 20 décembre, au combat de Monnaie; nous partons ensemble pour Segré par ordre du

18

lieutenant. Je suis porteur d'une dépêche pour
M. Chauvin, commandant de place de cette ville.

Nous arrivons à six heures. Je remets ma dépêche, et fais courte visite et bon dîner chez mon
ami Cadot. Je repars, et à minuit je suis de retour à la sous-préfecture de Château-Gonthier.
Je remets au sous-préfet la réponse demandée.

18 *janvier*. — Les hommes qui ont été obligés
de laisser leurs armes et leur uniforme au Mans
sont réarmés et à demi rééquipés.

Le général Michel et Cathelineau arrivent pour
organiser la défense !

Cathelineau cherche à remuer les masses.

Y réussira-t-il ? — Trop tard. — Et puis ?.....

A quatre heures du soir, nous recevons l'ordre
de protéger le génie qui doit faire sauter le pont.

A cinq heures du matin, premier essai. — Rien.
Quelques pierres volent. Le pont reste debout.

A midi, nouvel effort infructueux. Le pont ne
bouge pas.

19 *janvier*. — A quatre heures du soir, à un
troisième essai (600 kil. de poudre), l'arche du
milieu saute, les deux autres sont fortement

ébranlées; à dix heures, elles s'écroulent et font le
plongeon dans la rivière.

Les deux rives sont ainsi complétement isolées.

Pauvres habitants du faubourg, qu'allez-vous
devenir dans le cas d'une défense sérieuse?

D'un côté vous recevrez le feu de vos compatriotes; de l'autre, l'invasion étrangère, son feu
et ses insolences. Triste perspective!

20 *janvier*. — Nous sommes chargés de pous-
ser une reconnaissance de l'autre côté de l'eau.
Les Prussiens sont annoncés à Meslay, et seraient
venus tout près de Grez-en-Bouère.

Une barque est amenée. Nous avons le pied
dans le bateau lorsque deux coups de feu sont
tirés de l'autre rive. Les balles nous sifflent aux
oreilles.

Nous sortons de notre embarcation, et deux
hommes seulement, déguisés en paysans, Palatre
et Vivet, sont envoyés en éclaireurs.

Ils reviennent au bout de quelques heures. Pas
le moindre Prussien à l'horizon. Ce sont des moblots maladroits qui, en déchargeant leurs armes,
ont tiré sur nous, sans aucune intention criminelle, croyez-le bien.

En rentrant, nous lisons dans la *Démocratie de l'Ouest* un article tiré de la *France*, ainsi conçu :

« Le Mans, évacué le jeudi à dix heures du matin par nos troupes, a été occupé à deux heures de l'après-midi par les Prussiens.

« Le départ de l'artillerie, du matériel et des munitions était heureusement terminé. L'ennemi a pu s'emparer *seulement* (seulement est joli) de six locomotives et d'une centaine de wagons chargés de provisions et d'effets divers. Rien ne serait même tombé entre ses mains s'il n'avait tourné la ville et coupé le pont de la Sarthe, ce qui a rendu impossible le départ des derniers convois.

« Sauf cet incident, d'ailleurs, la retraite s'est accomplie sans perte d'aucune sorte, et sans que l'ennemi osât poursuivre.

« On est donc sérieusement fondé à dire que la situation reste bonne. »

Et voilà comment on écrit l'histoire.

Voulez-vous donc faire une mauvaise plaisanterie, monsieur le rédacteur ? Ce n'est ni le temps ni le moment.

Comptez-vous donc pour rien les malheureux qui, après avoir soutenu la retraite jusqu'au dernier moment à Yvré-l'Évêque et ailleurs, ont été oubliés par l'incurie d'un chef quelconque, jetés en plein dans les bras de l'armée prussienne, au Mans, et y ont été tués ou blessés, les autres faits prisonniers?

Comptez-vous pour rien cette débâcle de notre pauvre armée jusqu'à Laval, déroute complète, dans laquelle officiers et soldats pêle-mêle cherchaient les uns leurs soldats, les autres leurs chefs?

Comptez-vous pour rien la poursuite exercée le vendredi même, le lendemain de l'entrée des Prussiens au Mans, jusqu'à Chasillé et Saint-Denis-d'Orques, où nous avons dû livrer des combats d'arrière-garde.

Allons, monsieur le rédacteur de la *France*, soyez au moins de bonne foi.

N'assombrissez pas le tableau, mais gardez-lui sa sincérité.

Ces comptes rendus illusoires donnent une sécurité perfide, qui ne peuvent qu'entraîner de fatales surprises.

Dans des circonstances aussi graves, le mensonge est un crime.

18.

Dans les rues de Château-Gonthier, une proclamation du sous-préfet est affichée :

« Citoyens, la patrie est en danger. Contre
l'ennemi je fais appel à toutes les énergies. J'offre
des armes à tous les courages, à tous les dévouements. Que tous ceux qui veulent que la France
vive et qu'elle vive libre et honorée ; que tous
ceux qui sont prêts à repousser la honte de l'invasion se présentent à la sous-préfecture, il leur
sera délivré des armes et des munitions.

« Vive la République !

« Signé : Le sous-préfet, La Couture. »

Très-bien ! monsieur le sous-préfet, c'est court
et c'est bon. Votre profession de foi, plutôt qu'une
proclamation, vit ; mais fera-t-elle vivre les autres,
saura-t-elle tirer les habitants de leur léthargie...
patriotique ? — Trop tard, je le crains.

Puisse votre voix être entendue !

De son côté, Cathelineau harangue la population et fait afficher une proclamation fort longue.

Je crains qu'elle ne produise pas sur l'esprit
des lecteurs l'effet qu'il en attend.

CHAPITRE XXIV.

Évasion Blondeau, Hubert et Uhlan -- Vénus et Morphée
Qu'elles sont belles!

—

21 *janvier*. — A midi nous déjeunons.

Les grelots d'un attelage se font entendre au loin.

A midi dix minutes, la diligence s'arrête à la porte de l'hôtel. La portière s'ouvre avec fracas. Un homme mal peigné, mal vêtu, descend du coupé.

C'est Blondeau. Blondeau, notre major.

Pauvre docteur! ton accoutrement nous fait trop rire, tu nous rendras malade.

Ton chapeau Robert Macaire et ta culotte Da-

gobert dépassent, comme *cocasse*, tout ce que l'i-
magination la plus échevelée peut rêver en gro-
tesque :

Après une accolade bien sentie, Blondeau déclare que son estomac bat la générale, et qu'un
déjeuner ferait bien à l'horizon. Nous allions
justement nous mettre à table. Tout le monde
prend place, et, entre la poire et le fromage, notre
docteur nous narre son odyssée, celles d'Hubert et
de Uhlan :

« Oyez donc tous, mes frères et amis, le récit
de notre évasion héroï-amoroso-comique. Remon-
tons au moment où la charge de cavalerie prussienne, se joignant aux feux de peloton, nous
met dans la nécessité de nous débander.

Ce fut un sauve-qui-peut général.

Poussé par le courant, j'entrai comme les autres
dans une maison pour y trouver un refuge. J'ai
su depuis qu'elle était à un M. Bellanger.

La maison était pleine. La panique régnait
partout. J'avoue que dans le premier moment
j'eus peur.

Puis il me vint une idée. Il y a deux mois je
faisais partie de la société de secours aux blessés ;
j'avais ma carte dans mon portefeuille. Un dé-

guisement, et je pouvais passer pour un médecin du Mans.

Restait à le trouver. Je cours au premier étage, j'entre dans une chambre, rien. Je pénètre dans un autre, et j'y trouve quoi! une barbe blonde (Thierry devient écarlate) qui essayait un chapeau de femme et un vieux châle à carreaux verts et rouges. La situation n'avait rien de drôle, et pourtant je pouffai d'un éclat de rire homérique. Quelle bonne tête notre cuisinier avait dans ce moment là.

Ne trouvant rien, je redescendis, résolu de pénétrer dans une maison voisine pour tenter la fortune. Je prends donc mon courage à deux mains, je franchis trois murs et tombe dans un jardin. La porte qui communique à l'intérieur est barrée. J'avise une petite fenêtre, je l'enfonce d'un coup de pied et saute dans une cuisine. La tête de Méduse apparaissant à la cuisinière n'eut pas produit plus d'effet. Elle pousse des cris de paon et je vois accourir les maîtres du logis.

« Sortez! me dit une dame en tombant à genoux.

— Avec plaisir, répondis-je, mais donnez-moi des vêtements.

— Tout de suite, mais vous partirez après ?

— Accordé. »

On me mène à une garde-robe, je passe un pantalon avec la rapidité d'un amant qu'un mari va surprendre en flagrant délit d'adultère, je m'engloutis dans un vaste pardessus, mets en bandoulière ma sacoche à pansements et prends à la main ma carte d'ambulance.

Restait un chapeau.

« Je n'en ai pas, me dit le monsieur qui m'avait accompagné.

— Mais celui que vous avez sur la tête fera mon affaire », m'écriai-je.

Aussitôt fait que dit, j'empoigne le galurin, j'en couvre mon chef; mais, déception amère, malgré ma forte balle, il me tombe au menton. Un journal se trouve sur la cheminée, je le saisis. Horreur! c'est le *Constitutionnel!* Enfin qu'importe, je le plie et l'insinue adroitement sous le cuir du chapeau.

J'étais coiffé.

Il fallait tenir ma promesse. Pressé de partir, et presque mis à la porte, je sors dans la rue. Une fusillade m'accueille. J'aurais bien voulu rentrer, mais un «*Gamarate,* fiens fite », arrive à mon oreille, et j'aperçois un uhlan, qui, le revolver au poing, m'interpelle ainsi. J'accours à lui, montre ma sacoche pleine de linge, ma carte à croix rouge, et fais sonner haut mon titre de docteur (que la Faculté me pardonne).

« Passe, doctour », me dit enfin le uhlan.

J'étais presque sauvé. Je dis presque, car quelques balles perdues qui me sifflent aux oreilles pourraient bien m'endommager. J'enfile une rue et aperçois un drapeau. Merci, mon Dieu, c'est une ambulance, j'y serai bien reçu. Je veux pénétrer, mais deux séminaristes, si j'en juge par leur âge, me barrent le chemin. Ils ont des croix sur toutes les coutures.

« Laissez-moi entrer, je suis chirurgien, voilà ma carte.

— Non ! vous êtes déguisé, vous n'entrerez pas, vous nous feriez fusiller. Allez-vous-en. »

La moutarde me monte au nez, je lance un N. d. D. j'entrerai bien accentué, et je profite d'un signe de croix qu'ils ébauchent pour m'introduire dans la place. Je m'installe carrément dans une chaise et déclare que je resterai.

Arrive alors en poussant des gémissements un gros prêtre dont le vermillon est caché par une pâleur cadavérique. Il se tâte, et tombe anéanti dans un fauteuil que lui avance un des susdits séminaristes.

« Les scélérats, s'écrie le pauvre homme, ils tirent des coups de fusil dans la rue! ils auraient pu me joindre. Vite, un verre de bordeaux. »

Ce prêtre est le chanoine Mitche, chef de l'ambulance. Ladite ambulance se compose d'une chambre où trois moblots sont couchés côte à côte.

« Faites sortir monsieur, il est déguisé et s'est introduit de force ici », disent les deux abbés. Je décline mes titres.

«Sauvez-nous», s'écrie M. Mitche en me tendant les bras, et me voilà passé d'intrus au rôle de protecteur. J'en profite pour me faire octroyer un peu de soupe, et ingurgiter le reste du bordeaux demandé pour calmer les nerfs du brave curé.

Une demi-heure s'écoule. Je rassure autant que possible ces messieurs, qui sont maintenant aux petits soins pour moi, et redoublent de tendresse quand je leur promets de parler aux Prussiens s'ils viennent.

Peu après arrivait un jeune prêtre en surplis.

Il conduisait un mort au cimetière quand les Prussiens entrèrent au Mans. Le convoi avait été surpris sur la place des Jacobins, et il était venu chercher un refuge à l'ambulance. « Ma mère doit se mourir d'inquiétude, dit-il, et je n'ose sortir de peur d'être arrêté. « Sa douleur me toucha.

« Monsieur l'abbé, lui dis-je, voulez-vous accepter ma compagnie ; je crois que nous pourrons circuler librement avec ma carte de chirurgien de la Société internationale. »

Mon offre est acceptée, et nous partons.

Au coin d'une rue adjacente, une sentinelle nous arrête, et nous sommes conduits à deux officiers. Je me donne comme médecin du Mans, et demande à rentrer librement à mon domicile, ainsi que M. l'abbé que j'ai trouvé au lit d'un malade. On nous laisse passer. Dix minutes après, nous arrivions rue Sainte-Marie, et M. Latouche pouvait rassurer sa mère.

Je fus reçu à bras ouverts dans cette honorable maison, qui fut mise généreusement à ma disposition pour tout le temps dont j'aurais besoin. J'acceptai avec reconnaissance. Je dînai en famille, si je puis m'exprimer ainsi, puis je fus conduit

19

conduit à ma chambre, où je m'endormis d'un sommeil de plomb.

Le lendemain, je résolus d'abord d'aller à l'endroit où notre affaire avait eu lieu, afin de recueillir quelques nouvelles de la compagnie. J'espérais ensuite traverser les lignes prussiennes.

Lorsque j'arrivai sur le boulevard Négrier, auprès du Chalet, j'eus un serrement de cœur inexprimable.

J'étais sur le théâtre de la lutte de la veille.

Des sacs éventrés, des lambeaux à demi brûlés de notre uniforme, gisaient sur la neige.

Des chassepots brisés çà et là; plus loin des traces de feu. Les Prussiens avaient sans doute brûlé ce qu'ils n'avaient pu emporter.

Je considérais tout cela d'un œil morne, quand un jeune homme qui sortait du Chalet et portait le brassard vint à moi.

« Faisiez-vous partie d'une compagnie de francs-tireurs qui s'est battue hier ici, me dit-il? — Oui, répondis-je. — Eh bien, entrez à l'ambulance, il s'y trouve un des vôtres. »

Je le suivis et tombai dans les bras d'Hubert, de cet excellent et joyeux camarade.

Vous voyez cela d'ici. Il était vêtu en garçon de café.

Il m'emmena pour causer à l'aise dans une salle où il remplissait les fonctions d'infirmier par intérim. Le brave cœur acceptait gaiement sa situation, mais il se rongeait les poings d'être caserné au Mans.

De nos compagnons d'armes, il n'avait aucune nouvelle.

Je lui narrai mon évasion. Quant à lui, il s'était réfugié au restauraut du Chalet, où avait été établie une ambulance. Il s'était affublé d'une veste de garçon de café, et s'était mis une serviette devant lui. Pendant ce temps, son uniforme était caché par M. Milleville, le propriétaire de la maison. Le temps pressait. Cinq minutes après, les Prussiens fouillaient partout.

« Que comptes-tu faire, me dit-il ?

— Traverser, si faire se peut, les avant-postes ennemis et regagner nos lignes.

— J'en suis.

— Avec plaisir. Si nous sommes pincés, je dirai la vérité, je te donnerai comme mon infirmier et nous reviendrons plus tard par la Suisse.

— Au petit bonheur.

— En ce cas, nous partirons demain.

— Allons faire un tour, peut-être aurons-nous quelques nouvelles, » me dit-il ensuite; et nous voilà cheminant par la ville.

Arrivés sur la place des Jacobins, le son des tambours et des fifres nous attira. Nous assistâmes au défilé des troupes du duc de Meklembourg.

Musique en tête, ils faisaient une entrée triomphale. Nous regardions tout cela avec des larmes de rage, en nous serrant la main.

De là nous nous dirigeâmes sur l'hospice. Hubert voulait remercier et donner de ses nouvelles à M. Barbet, l'économe.

En chemin, nous entendons les hurlements désespérés d'un chien.

Nous nous retournons.

C'est *Uhlan*, ce pauvre *Uhlan*, qui, pouvant à peine se traîner, nous appelle avec des cris déchirants.

De quoi avait-il donc vécu ?

Comme nous : de privations sans doute.

Sur la place des Halles, j'aperçus Fontan, l'aide-major des francs-tireurs toulonnais. Lui aussi, il avait pu se procurer un déguisement. Il nous demanda à partager nos chances d'évasion et promit d'être rendu le lendemain à sept heures au Chalet.

Retournés à l'ambulance, nous y trouvons un monsieur qui nous attendait avec impatience. Il était entré pour demander des nouvelles de la compagnie; on lui avait dit que deux de nous étaient là.

C'était M. Legoi, qui nous apprit que Bœtsch avait pu se réfugier chez lui. Il nous laissa son adresse et nous promîmes d'aller serrer la main de notre camarade avant de partir.

Le soir, j'étudiai la carte de la Sarthe chez M. Latouche. Je le remerciai vivement de ses bontés. Le lendemain, j'étais exact au rendez-vous. Hubert n'avait point perdu son temps. Il était allé la veille au soir déterrer deux sacs

19.

sous la neige, il s'était procuré des guêtres, tout était prêt pour le départ.

Fontan arriva. M. Milleville nous souhaita bonne chance, nous bouclâmes nos sacs, et nous voilà partis.

Nous allâmes d'abord auprès de la caserne de la Mission, où se trouvait Bœtsch. Nous le trouvâmes en cuisinier. Il préparait le déjeuner de vingt officiers prussiens qui mangeaient chez M. Legoi, restaurateur de son état. Jugez si notre pauvre ami devait souffrir, lui qui, Alsacien, comprenait tout ce que nos ennemis pouvaient dire. Il nous bourra nos sacs de victuailles. M. Legoi y joignit une bouteille de rhum. Hubert prit double charge et nous repartîmes.

Nous étions décidés à gagner Angers par la route de la Flèche. Au pont de l'Huisne, un poste nous arrête. « Je suis médecin et vais voir des malades, voici ma carte. Monsieur est médecin lui aussi, l'autre est notre domestique.

— Passez. »

Cela allait bien jusqu'à présent. Du courage, et nous voilà cheminant les pieds dans la neige.

A peine avions-nous fait un kilomètre, que

nous aperçûmes quatre femmes qui trottinaient devant nous. Nous doublâmes le pas pour les

rejoindre. Cinq minutes après, nous étions côte à côte.

C'étaient quatre jeunes filles coquettement attifées, qui suivaient notre chemin. Elles enfonçaient bravement leurs petons dans la neige et marchaient crânement. Malgré notre costume un peu hétéroclite, je les aborde et je retrouve... une ancienne connaissance, une Tourangelle perdue de vue depuis deux ans.

« Tiens! te... Comment! c'est vous, belle Marie?

— Monsieur!!!... Mais c'est Amédée!

— Mais oui.... c'est lui, franc-tireur en disponibilité de service et tout au vôtre. Ces messieurs sont deux de mes amis francs-tireurs comme moi. Y aurait-il indiscrétion à vous demander par quel heureux hasard je vous trouve par chemins et par vaux en aussi charmante compagnie? En deux mots, où vas-tu?

— Mon cher, je me sauve avec trois amies qui pas plus que moi ne veulent rester avec les Prussiens. D'ailleurs, notre état de modiste n'allant plus....

— Très-bien. Compris. Il ne sera pas dit que trois guerriers vous laisseront seules affronter les Germains. »

Puis me retournant vers mes compagnons : « Messieurs, faites comme moi : le bras à ces dames, qui je l'espère, voudront bien nous accepter

pour cavaliers. Adjudant Hubert, toute peine
mérite salaire, tu portes double charge; pour te
dédommager, tu auras deux compagnes. Chacun
à son rang, en avant ! arrche !.... »

Nous partîmes en riant comme des fous. Au
bout de quelques pas, Hubert nous pria d'arrêter.

« Mesdames et messieurs, dit-il, une proposi-
tion. Avant d'entreprendre un voyage, les anciens
imploraient la protection des dieux, et se les rendaient favorables par des libations....

— Parle clairement.

— Eh bien ! j'ai dans mon sac une bouteille
de rhum qui voudrait prendre part à la conversa-
tion. »

Fontan ajouta d'une voix doctorale que le
rhum était excellent en frictions intérieures.

Nous donnâmes une accolade fraternelle à la
bouteille, et nous marchâmes avec vigueur pour
gagner Arnage, où nous espérions déjeuner.

Arrivés à la ligne du chemin de fer qui précède
le village, une sentinelle nous envoie un coup
d'œil inquisiteur. Nous passons fièrement. Inutile de songer à s'arrêter : Arnage est occupé par
un détachement prussien. Ils se sont fourrés partout, et nous défilons avec des transes mortelles,

sous le regard de ces abrutis qui montrent leur
tête fade à toutes les fenêtres.

Nous continuons donc notre route en les en-
voyant à tous les diables.

A 2 kilomètres, nous apercevons une petite
maison à demi cachée dans les bois de sapins qui
bordent le chemin. Hubert s'avance en éclaireur,
et revient avec un sourire de jubilation. Pas la
moindre tête de *Prussmutch* dans la ferme.

Une bonne vieille est venue lui ouvrir en trem-
blant; mais, rassurée par sa bonne mine, elle
consent à nous recevoir.

La vue des dames la rassure tout à fait. Elle
fait vite une bonne flambée, et nous prenons place
autour de la table. Les provisions de Bœtsch reçoivent un rude assaut. Le surcroît de convives
les ébrèche tellement que Uhlan les finit sans
peine.

Nous repartons une heure après, non sans avoir
laissé à la vieille un bon souvenir de notre passage.

Nous arrivâmes à Foulletourte un peu four-
bus.

Une nouvelle peu consolante nous y accueillit.
Le village avait été traversé le matin même par

200 Prussiens et une demi-batterie d'artillerie.

Mieux valait attendre le lendemain pour traverser de jour, si faire se pouvait, les lignes ennemies. Nous voilà donc en quête d'un logement. A l'auberge des *Trois-Empereurs*, nous trouvons enfin des lits. — Pour ce qui est de la nourriture. du pain, et puis rien.

Heureusement que Hubert avait le nez fin. Le brave garçon faisait sécher galamment les chaussures de la petite troupe, quand il interrompit sa besogne.

Il était en arrêt.

Guidé par son flair, il découvre tout un régiment de jambons et d'andouilles suspendus à l'intérieur de la cheminée.

« Nopces et festins ! » s'écrie-t-il.—L'aubergiste, interpellé, s'excuse de ne pas s'être rappelé ce dépôt de provisions, et, pour prouver sa bonne volonté, veut bien se souvenir qu'un vieux coq doit être dans quelque coin de sa basse-cour.

Une heure après, le gallinacé était dévoré, malgré la résistance opposée par sa dureté.

Nous demandâmes ensuite nos lits. L'exiguïté de la maison nous oblige à cohabiter avec ces dames. Seule notre pudeur servira de cloison.

Que Minerve et nos mères nous pardonnent!

Nous dormions profondément depuis quelques heures, quand un grand bruit nous réveilla en sursaut. C'étaient des cris, un tapage à tout casser. Une vive clarté illuminait la rue, je crus tout d'abord à un incendie.

Mais notre hôte entre bientôt avec un paquet d'oribus, et nous donne la cause de ce *charivari*.

C'étaient MM. les uhlans qui revenaient d'éclairer la route de la Flèche; ils rentraient à la Chapelle, et forçaient à illuminer *à giorno* toutes les fenêtres des habitations.

Nous mîmes des flambeaux, et, cachés derrière les rideaux, nous les vîmes défiler, pistolet au poing. Ils firent une halte devant l'auberge, vidèrent un petit fût de schnaps qu'ils réquisitionnèrent, et voulurent bien continuer leur route.

Un poids énorme se retira de nos poitrines. Nous étions sauvés, car ils rentraient dans leurs lignes. Bien mieux, ils poussaient la gracieuseté jusqu'à nous faire franchir leurs avant-postes en nous laissant dans nos lits.

Notre mythologique adjudant, fidèle à son système, voulut faire une invocation à Morphée et à Vénus, qui venaient de nous donner un si éclatant témoignage de leur protection ; mais nous le renvoyâmes dans sa chambre prouver sa ferveur comme bon lui semblerait.

Le lendemain, dès l'aube, nous étions sur pied.

Mais, jugez du contre-temps. La partie féminine de la troupe est dans l'impossibilité de faire un pas. Les chaussures sont rétrécies par la neige et les petons sont gonflés.

Comment faire ?

Chez un épicier nous trouvons des feutres. Mais les jambes, surmenées par une marche à laquelle elles sont peu accoutumées, refusent tout service.

Il nous faut absolument un véhicule.

Après bien des recherches, je découvris une vieille carriole chez un boucher. Un boulanger consentit à fournir un cheval et à nous conduire jusqu'à la Flèche. Nous devons un peu cela à M. le maire, homme charmant, qui a guidé nos recherches.

A neuf heures nous partons enfin. Les sacs, recouverts de paille, ont formé des siéges pour le sexe faible qui sera voituré; quant au sexe fort, il marche derrière la voiture d'un air vainqueur,

20

Le voyage fut plus gai que la veille, et lorsque nous aperçûmes la Flèche, ma foi nous chantâmes un peu. Les chansons de notre compagnie firent les frais du concert, et j'improvisai même un couplet de circonstance. La rime n'est pas millionnaire, mais avec de la bonne volonté cela va tout de même. Le voilà dans toute sa splendeur :

Air connu du *Bataillon d'Afrique*.

Quand nous quittons la ville
Qu'on appelle le Mans,
Nous trouvons quat' belles filles
Qui s'en allaient gaiement.
Nous leur disons: « Mes belles !
Venez-vous avec nous ?
— Oui, messieurs, répondent-elles,
Nous partons avec vous ! »

REFRAIN.

Et comme de vieux soldats,
Une ! deux ! elles emboîtent le pas,
Trois ! quatre ! et gaiement elles défilent ;
Cinq ! six ! en avant la musique
Du bataillon d'Afrique.

Dites donc, après ce chef-d'œuvre, que je n'ai pas manqué ma vocation.

A la Flèche, repos d'une heure. Il faut bien
nous réconforter un peu.

Notre Rossinante n'est pas oubliée. Elle en-
gloutit l'avoine dans une proportion effrayante.
Si cela peut lui donner des forces, tant mieux,
car nous avions bien peur qu'elle ne nous laissât
en chemin.

Le soir nous gagnons la Bazoge.

Rien de curieux à noter, si ce n'est que l'on
craint beaucoup l'arrivée des uhlans.

De troupes françaises, aucune. Voilà pourtant
six lieues qui nous séparent des Prussiens.

Le lendemain, nous trouvons les avant-postes
français à Durtal. Nous sommes conduits au
poste par des gardes nationaux zélés qui veulent
bien nous laisser passer, après avoir pris connaissance de nos commissions d'aide-major.

Le soir même, nous arrivions à Angers. L'hôtel
de l'*Ange-Gardien* veut bien nous abriter de son
aile. Ce sera la première nuit que nous passerons
sous un toit véritablement français.

Après avoir pris congé de nos modistes, nous
songeons aux choses sérieuses et nous mettons en
quête de nouvelles.

Nous écrivons d'abord à nos familles pour les

rassurer sur notre sort, puis nous allons vers la gare.

En passant sur le Mail, le sifflet de notre compagnie se fait entendre.

Nous tournons la tête, intrigués.

Personne.

Même coup de sifflet, même manége.

Rien encore.

Enfin nous apercevons la tête de Liéron. Sa figure se fend sous un large sourire de jubilation. Il est caché dans une colonne creuse du boulevard et émerge de là comme d'un bouquet de fleurs.

Se voyant reconnu, il accourt à nous et a peine à répondre au flot de questions qui l'assaillent.

Nous apprîmes les larmes aux yeux que le brave Jules, notre lieutenant, avait pu ramener quelques hommes avec armes et bagages; l'évasion de Michel avec six autres d'entre nous, dont Boisseau, Thierry et lui Liéron.

« Et le drapeau? demandâmes-nous d'une même voix.

— Rapporté aussi. »

Du capitaine, pas de nouvelles.

Liéron nous dit être venu toucher la solde des

hommes qui étaient à Château-Gontier sous le commandement de Sauvagé, et à la disposition du sous-préfet de la ville.

Avec Hubert et moi, l'effectif était maintenant de vingt-sept hommes.

C'était l'occasion de prendre une tournée de quelque chose. Nous entrâmes donc dans un café. Là, un consommateur apercevant l'uniforme de Liéron vint à nous. Il nous apprit qu'à la gare il avait vu un capitaine portant notre uniforme. Il était décoré, marchait penché, comme s'il eût été blessé, et se dirigeait sur Nantes.

J'usurpai tes fonctions, mon pauvre Jules. Je donnai un ordre écrit à Hubert, où il lui était enjoint d'avoir à se rendre à Nantes pour rechercher le capitaine de la 5e compagnie des francs-tireurs de Tours.

Le trouvera-t-il? Je l'ignore.

Pour moi, j'allai le soir même réclamer une feuille de route à l'intendance pour vous rejoindre à Château-Gontier.

Je suis parti ce matin à quatre heures par la voiture publique, et me voilà.

Maintenant, un toast à la santé d'Hubert, et souhaitons qu'il réussisse dans sa démarche.

20.

CHAPITRE XXV.

Le Capitaine à Nantes — Son combat singulier et sa blessure
Bœtsch est fusillé et fait cuire des beefteacks
Compain, Lunais et Martinez — État de la Compagnie
Départ de Château-Gontier
Du Montbazillac et un vicaire — Segré
La famille Cadot-Poupard — On s'y griserait
A votre santé, mesdames ! — A Nantes — Armistice.

—

22 *janvier*. — Rien de saillant. — Nous gardons les abords de ce qui fut le pont, faisons un
peu d'exercice et trinquons fraternellement avec
la garde nationale, qui veut bien ne plus nous
prendre pour des francs-fileurs.

23 *janvier*. — Je passe à Segré la journée avec
la famille Cadot-Poupard. Jamais réception n'a
été mieux préparée pour faire oublier les fatigues
des derniers jours et créer de nouvelles forces.

Choyé, dorloté, bercé, je me crois au foyer maternel ; je suis accablé de prévenances dont je porte très-allègrement le fardeau, je vous assure.

24 *janvier*. — A cinq heures du matin, je suis éveillé par Combes, notre conducteur de voitures. L'animal, pour le seul plaisir de se faire rincer le bec, est venu cette nuit à pied de Château-Gontier.

Singulier type que ce Combes ; né honnête et soûlard, pour le moral ; quant au physique, une pomme de terre trempée dans le vin rouge.

Combes, mon bonhomme, je te remercie de ta prévenance, mais en rentrant tu monteras quatre gardes à l'œil.

Accompagné de mes hôtes, je pars pour Château-Gontier après déjeuner.

A mon arrivée, je trouve Hubert en train de décrire à nos camarades les péripéties de son voyage avec Blondeau, et sa rencontre avec plusieurs débris de la compagnie.

Il vient de Nantes, où le capitaine soigne le coup de crosse qu'il a reçu dans l'aine au moment de son évasion.

Voici du reste le récit que lui a fait Hilden-brand :

Parti, après la bousculade des Toulonnais, avec Bœtsch et Tessier, il essaye de fuir à travers champs, et essuie à maintes reprises le feu de l'ennemi.

Au détour d'une route, Bœtsch et Tessier tombent épuisés.

Le capitaine, plus vigoureux, les laisse et continue seul la route. Bravant la fatigue, il arrive près d'une ferme où veille une patrouille ennemie. Il est arrêté. Il veut se faire jour le sabre à la main ; mais frappé dans la lutte d'un coup de crosse, il tombe et reste étendu sans mouvement.

Revenu à lui, on lui donne une escorte de quelques hommes pour le ramener prisonnier.

Au bout de quelques pas, oubliant sa blessure et ses souffrances, il s'empare d'un fusil, s'en sert comme d'un gourdin, et à coups de moulinets en tue plusieurs et blesse le reste.

Le passage est ouvert, il s'enfuit.

Telle est, en peu de mots, l'histoire authentique de la délivrance du capitaine.

A Auguste Bœtsch, il est arrivé une singulière aventure :

Pincé par les Prussiens, on lui fait gravir un talus, on l'adosse à un arbre.

Feu de peloton. Bœtsch roule dans le ravin.

Vous le croyez mort, n'est-ce pas? — Eh bien! pas du tout. — De l'œil il avait suivi tous les mouvements des *Prussmutch,* dont il connaît parfaitement la langue, et, au commandement de feu, il s'était tout simplement laissé tomber.

A la faveur de la nuit, et vêtu d'effets civils, il rentre au Mans, et reçoit l'hospitalité chez un de ses amis, M. Legoi, cafetier, chez lequel il sert comme garçon de salle.

Quant à Tessier, ayant pu se procurer une blouse et une paire de sabots, il va vers Sargé, rencontre un peloton de chasseurs à cheval, avec lequel il fait route jusqu'à ce qu'il rejoigne les trains auxiliaires.

Hubert continue son récit.

Trois de nos caporaux, Compain, Lunais et Martinez, sont faits prisonniers. — Ils sont désarmés, mais le revolver caché sous la tunique leur reste, les Prussiens ne l'ont pas vu.

Dans un chemin isolé, nos trois camarades se font un signe, ils se comprennent, tirent leurs revolvers et tuent leurs gardiens. — Ainsi débarrassés, ils se sauvent dans la campagne, s'accoutrent de blouses de paysans et, accompagnés d'un charretier auquel ils doivent servir de domestiques, vont demander un laisser-passer au quartier général prussien installé au château de l'Épau.

Ils l'obtiennent, après avoir préalablement aidé à l'ensevelissement des morts allemands, arrivent à Tours les premiers et y apportent la nouvelle de nos malheurs.

Dix-huit, dont trois blessés, furent faits prisonniers par les Prussiens.

Huit s'évadèrent avant d'arriver à Orléans et nous rejoignirent plus tard.

C'est ainsi que nous connaissons le sort d'une partie de nos camarades absents.

Cette bataille du Mans, bien que moins meurtrière que Loigny, est certainement plus désastreuse pour notre compagnie.

Compris les blessés et les malades qui rejoignent, c'est à peine si quarante hommes aujourd'hui sont susceptibles de tenir campagne.

Tant pis! nous sommes moins nombreux, soyons aussi résolus que par le passé.

25 *janvier*. — Munis d'une recommandation

de Cathelineau, nous quittons Château-Gontier pour aller retrouver le capitaine à Nantes et nous y réorganiser.

A midi, le départ.

De nombreuses sympathies nous accompagnent jusqu'à la sortie de la ville; on ne pleure pas, mais on se regrette mutuellement.

Nous traversons Chemazé. — Halte à Saint-Sauveur.

Le jeune vicaire de ce bourg fait les plus vives instances pour nous forcer à accepter un verre de montbasillac.

Quel bon homme malgré sa soutane! — Quel excellent vin malgré sa robe !

Que le bon Dieu vous le rende, monsieur l'abbé. — Amen.

Laferrière, et à la brune nous arrivons à Segré.

Sans nos désastres, nous croirions presque à une entrée triomphale. — Une grande partie des habitants est sur pied. — C'est à qui nous hébergera. — Chaque ménage voudrait avoir chez lui toute la compagnie.

Un instant, ne soyez pas si gourmands.

M. Cadot et M. Poupard accaparent, je ne sais comment, une escouade tout entière, laquelle escouade se laisse faire, en bonne fille qu'elle est.

M. Chevallier sait enlever la fine fleur de la compagnie, le lieutenant Sauvage.

M. Chauvin, comme commandant de place, s'octroie les plus mauvais sujets de toute la bande.

Mais, de grâce, messieurs, mettez-y un peu de dignité, ne vous battez pas pour nous recevoir à l'envi les uns des autres, et ne nous obligez pas à rétablir l'ordre que nous n'avons jamais songé à troubler.

Seul un pompier allumé la trouve mauvaise.

« Pourquoi qu'on ne les arrête pas, ceux-là? dit-il en s'appuyant sur le canon de son fusil. Quoi qui z'ont fait, c'est pas juste. Je réclame. »

Le très-patient Hubert le renvoie tranquillement à sa pompe à incendie. — Le pompier cherche en vain à comprendre. — Le public rit et l'honorable militaire va chercher dans les consolations du poste un allégement à sa mésaventure.

Quelle bonne soirée ! — De derrière les fagots le plus vieux et le meilleur cru est enlevé. —

Mmes Poupard et Cadot, Mlle Léonie nous le versent avec tant de grâce, qu'il faudrait vraiment n'avoir jamais eu soif pour ne pas boire. — Mais nous avons très-soif, et puis la po-litesse l'exige.

A votre santé, mesdames.

Sans notre major Blondeau, notre criterium en cette circonstance, je ne sais vraiment si nous aurions pu compter le nombre de toasts portés.

26 *janvier*. — A huit heures du matin, le clairon sonne le départ. — En route pour Angers. — Étape : 40 kilomètres.

Nous les ferons gaiement, nous sommes si bien lestés.

Au *Lion*, un repos d'une heure nous permet de nous *reravitailler*.

Nous passons à la Membralle, à Avrillé, et à sept heures du soir nous arrivons. — Chacun va se loger. — Sauvage, Hubert et moi nous allons demander l'hospitalité chez MM. Laumonier et Rousseau, qui nous reçoivent de tout cœur. — Personne n'est vraiment aimable comme un tanneur. — Sur tout le parcours de la campagne, nous avons eu à nous louer de leurs procédés.

27 *janvier*. — A onze heures, nous sommes rangés sur le quai de la gare. — La locomotive siffle. — Nous montons en wagon. — Quelques minutes et nous partons à toute vapeur, oubliant le lieutenant qui, obligé d'aller porter la réquisition, n'arrive que pour nous voir filer.

Tous, nous le croyons monté. — Nous serions plutôt descendus que de partir sans lui.

Mon cher Jules, combien tu dois être froissé.
— Tous ces débris de la compagnie, c'est toi
qui les as ralliés, tu n'auras même pas l'honneur
de les présenter au capitaine à leur arrivée à
Nantes.

J'en souffre pour toi, je t'assure.

Nous arrivons à quatre heures.

Le capitaine nous attend à la gare, prend le
commandement et nous conduit sur la place de
l'Hôtel-de-Ville, où nous sont délivrés des billets
de logement.

Je prends gîte chez M. Gourdon.

28 *janvier*. — Après l'appel, nous nous prome-
nons en ville. — Le calme le plus parfait y règne,
on cause un peu, on fume sa pipe et on joue
tranquillement au billard.

On semble ignorer complétement les catas-
trophes successives que la France vient d'éprouver.

Cafés chantants, alcazars, théâtres, sont ouverts
comme par le passé, — et chacun de s'y rendre
pour oublier les échos du canon.

29 *janvier*. — Dans la soirée, les journaux
apportent les nouvelles de l'armistice.

3o *janvier*. — La physionomie de la ville change complétement; — hier si calme, elle devient aujourd'hui prodigieusement mouvementée.

De l'animation partout.

Dans le passage la Pommeraye, à la Bourse, des groupes se forment et discutent fiévreusement.

Dans toutes les rues on cause, on crie, on se querelle, on se chamaille, on ne raisonne pas.

Paris a capitulé?

Oui. — Non.

C'est impossible.

Les hommes murmurent, les femmes respirent, les gamins hurlent.

Les journaux?

Les journaux, allons donc, on en sait trop déjà, on a peur d'être renseigné.

Malgré tout, l'esprit général est à la paix.

L'honneur national est sacrifié.

La paix, — la paix quand même, — la paix, honteuse, à n'importe quel prix!

3î *janvier*. — Nous flânons et bâillons dans les rues.

1ᵉʳ, 2 *et* 3 *février*. — Nous continuons à avoir une certaine ressemblance avec ces mollusques qui s'entr'ouvrent et se referment pour charmer la monotonie de leur existence ennuyée.

Demandez plutôt à notre ami Suppligeon.

Pendant notre séjour à Nantes, plusieurs de mes camarades et moi nous vivons très-largement, malgré l'éclipse totale de numéraire qui fait le deuil de nos poches.

MM. Raux, Langlais, Gourdon, Pertuis et Cottin se font un véritable plaisir d'héberger à tour de rôle cinq ou six des nôtres. Nous ne vous remercierons jamais trop, messieurs.

CHAPITRE XXVI.

Une volée à un charretier — Saumur — Les Barricades
A la disposition du colonel Huot — Chemallé et Crosnier
Palatre — Démission de Gambetta
Hubert et le sabre, le sabre, le sabre..... du Capitaine
En partance pour Bordeaux — A la Ronde
Reconnaissances dans le département — Un patriote
L'Académie du bouchon
Des œufs suspects — Le commandant Jean.

—

4 *février*. — Ordre du général de nous rendre
à Chinon (*via* Saumur).

A dix heures, appel sur la place Saint-Nicolas ;
— à dix heures et demie, à la gare ; — à onze heures, en chemin de fer.

La précipitation de notre départ laisse cependant à l'activité d'Hubert le temps d'adminis-
trer une splendide volée à un énorme charretier
qui s'est permis d'insulter la compagnie.

Les gendarmes présents à la lutte en rient encore.

Le capitaine reste à Nantes, le lieutenant Sauvage commandera en son absence.

A six heures du soir, nous débarquons à Saumur.

Chinon se trouvant terrain neutre par suite des conditions de l'armistice, nous resterons à Saumur à la disposition du colonel Huot (mobilisés Seine-et-Marne), commandant de place.

La famille Combier me reçoit à bras ouverts ainsi que le lieutenant.

La défense de la ville est organisée.

Le pont est protégé par une énorme barricade, véritable forteresse. Jusqu'à la Ronde, de distance en distance, la route est coupée, partie par une tranchée, partie par un épaulement. Le passage d'une voiture est seulement conservé entre ces deux obstacles.

De chaque côté de la route, la prairie est inondée. Tout mouvement de troupes est ainsi rendu impossible sur la rive droite de la Loire.

D'importants ouvrages sont aussi construits sur la rive gauche. Le château fort qui domine la vallée est bondé d'armes et de munitions.

La défense a donc des chances de succès.

5 *février*. — Appel, comme il sera fait tous les matins.

Des reconnaissances sont organisées pour prendre des renseignements sur la position de l'ennemi, ses mouvements dans le pays, et la façon dont sont observées les conditions de l'armistice.

Tous les jours cinq ou six hommes se déguiseront et parcoureront les villes et villages du département envahis par les Allemands.

6 *et* 7 *février*. — Rien.

Des képis sont donnés aux hommes qui ont perdu les leurs dans l'affaire du Mans.

8 *février*. — Chemallé et Crosnier sauvent un mobilisé qui se noyait. Le lieutenant les félicite sur le front de la compagnie.

Elections générales. Notre compagnie vote à l'unanimité pour la liste républicaine d'Indre-et-Loire.

9 *février*. — Palatre, en état d'ivresse, insulte un vieillard.

Un rapport du lieutenant est adressé au capitaine. Le capitaine demande l'application stricte
du règlement, et l'expulsion du délinquant.

La compagnie, appelée à se prononcer, retire à
Palatre ses galons de sergent.

Il eût été vraiment malheureux de renvoyer de
la compagnie, au moment où la guerre semble
terminée, un homme qui, après tout, a toujours
fait son devoir.

10 *février*. — Démission de Gambetta.

Hubert et Suppligeon, qui, guéri de sa petite
vérole, était venu nous rejoindre à Château-
Gontier, partent pour Tours. Ils ont pour
mission d'enlever du gymnase de la rue Ma-
rignan, où ils sont cachés, une douzaine de
fusils chassepot et un sabre appartenant au capitaine. Les hommes qui ne sont pas armés pourront ainsi l'être.

A leur arrivée à Tours, le père de Suppligeon
se mourait.

Hubert opère seul, trouve les armes, les tire de
leur cachette, et les emballe sous toile dans des
paquets de balais. Il amène une voiture de mes-
sageries, et pendant qu'il charge ses colis dans la

charrette, un Prussien tient complaisamment la
bride du cheval.

Fouette, cocher; en route pour Chinon, la farce
est jouée et le Prussien berné.

Il fallait tout l'aplomb et la présence d'esprit
d'Hubert pour opérer aussi lestement ce tour
d'adresse qui, s'il n'eût pas réussi, pouvait lui va-
loir quelques balles dans la tête.

11 *février*. — Arrivé à Chinon, Hubert con-
fie ses armes à un marinier, qui les conduit à
Montsoreau, par la Vienne et la Loire, pendant
que lui se rend à Saumur.

J'arrive. A minuit, nous attelons notre prussienne (1), et à deux heures nos fusils sont rendus à domicile.

A huit heures du matin, Hubert part pour
Nantes, remet au capitaine le sabre qu'il a rapporté de Tours, et le soir de la même journée
tous les deux font voile pour Bordeaux.

— Qu'y vont-ils faire ?

(1) Cette prussienne est la jument que nous avons ra-
menée de Brou, le 25 novembre, et qui fait notre service
depuis cette époque.

— Ni moi non plus.

12 *février*. — Nous partons pour la Ronde. Nous avons l'ordre d'empêcher le ravitaillement de l'armée ennemie par les soins des habitants du pays, car il s'en trouve d'assez peu patriotes pour ne pas se sentir les mains brûlées par l'argent prussien.

13 *février et jours suivants*. — Les reconnaissances dans le département d'Indre-et-Loire continuent. Connaissant parfaitement la contrée, je suis chargé d'explorer le pays entre Bourgueil, Tours, Châteaurenault, Amboise et Sainte-Maure.

Mes renseignements personnels m'affirment que le nombre des Allemands, à Tours, n'a jamais dépassé 10 à 12,000 hommes au maximum, et que le département tout entier n'a jamais été occupé par plus de 40 à 50,000.

L'imagination inquiète de l'habitant en accusait un bien plus grand nombre : jusqu'à 200,000; erreur causée par les mouvements continuels des troupes ennemies, et grandie par la frayeur des populations.

En somme, les Prussiens se conduisent assez

bien, pourvu que les habitants leur servent de domestiques.

Une dernière visite à travers les lignes prussiennes en compagnie de M. Carré, qui a l'amabi-
lité de me conduire dans sa voiture, m'écœure,

Telle jeune fille prête gracieusement sa joue à
un hussard rouge, en même temps qu'un paysan
(son galant sans doute) fait des armes avec un
artilleur.

Certain propriétaire trouvant que les Prussiens sont de bonne compagnie, s'ennuie de n'en
point avoir chez lui.

Son castel est au dehors de la limite tracée par
les conditions de l'armistice.

Pour corriger l'injustice du sort, que fait-il?

Il court à l'état-major allemand d'Ingrandes et
réclame l'honneur d'héberger quelques-uns de
nos ennemis.

Informez-vous auprès de M. Mandrou, propriétaire à Restigné, s'il n'a pas été témoin d'un
fait semblable.

D'autres rapports viennent confirmer les miens,
et plus d'une fois le colonel Huot complimente le
lieutenant sur l'exactitude des renseignements que
sa compagnie lui a fournis.

Ces renseignements, tout exacts qu'ils sont, auraient pu être plus complets si une somme de deux cents francs demandée par le colonel Huot avait été accordée.

Cette somme était absolument nécessaire à des hommes qui, n'ayant pas de ressources pécuniaires, étaient obligés de marcher toujours à pied. De là beaucoup de retard.

Nous apprenons le résultat général des élections.

Mauvais. Très-mauvais.

La réaction prend pied. Si elle triomphe, nous sommes perdus.

Licenciement des francs-tireurs.

Nous faisons exception et sommes maintenus à cause des services que nous avons rendus depuis notre entrée en campagne.

Nous charmons les ennuis de notre villégiature à la Ronde par deux heures d'exercices matin et soir et le jeu de bouchon dans le courant de la journée.

Quel est le passant ou le curieux qui ne se souviendra toute la vie de ces belles têtes martiales des francs-tireurs de la 5e compagnie d'Indre-et-Loire qui tour à tour se courbent, s'alignent, font

22

un pas en arrière et lancent dans l'espace le précieux bouchon?

A quatre lieues, notre résidence est devenue le
Chantilly de l'endroit, le rendez-vous des gens co-
quets, bien élevés et des femmes les plus distin-
guées.

Notre sergent Thierry en deviendra fou. —
Pauvre garçon! — Oh! l'amour!

Seine-et-Marne veut partager nos succès et côte
à côte établit sa batterie.

L'académie du bouchon est ainsi composée.

Jamais le service ne souffre de ces jeux inno-
cents. Bien des voituriers peuvent vous raconter
quelle triste mine ils font lorsqu'il leur faut retourner à Saumur demander un laisser-passer du
commandant de place et souvent laisser leurs
marchandises en dépôt.

Quelle frayeur éprouvent les pauvres bonnes
femmes en passant devant le poste !

18 *février*. — Que je vous raconte un enfantil-
lage qui nous a beaucoup amusé ce matin.

Il fait à peine jour. Une brave campagnarde
chemine tranquillement vers Saumur et porte,
dans deux paniers, ses denrées à la ville.

« Halte là! Brave femme, que recèlent ces paniers?

— Mon bon monsieur, avoue timidement la malheureuse, ce sont des œufs et du beurre que je porte au marché.

— Faut voir cela, quatre hommes et un capo-

ral! dit de sa grosse voix le sergent le plus moustachu, baïonnette au canon! qu'on garde cette femme à vue et qu'on aille chercher de suite le général!... »

Le général (un grand diable de farceur d'entre nous) est éveillé.

Il arrive en chemise.

Un caleçon, des bottes à l'écuyère, une cein-
ture bleue autour du corps, un immense bonnet
de coton sur la tête, un revolver au côté, le fusil au
port d'armes, — voyez d'ici l'accoutrement.

« Femme, que faites-vous ici ? Répondez.

— Monsieur l'officier, je vas au marché vendre
des œufs.

— Des œufs ?.... Elle a des œufs ?..... Qu'on
fouille les œufs !!!

— Soldats, vérifiez les coins, et voyez si ces pro-
duits gallinacéens ne portent pas dans leur sein
des dépêches prussiennes. »

La bonne femme, atterrée, voit ses œufs percés
à jour à coups de baïonnette.

Elle gémit, elle pleure.

Et nous, sans cœur que nous sommes, nous
rions de ses larmes.

Rien de suspect ne ressort de l'inspection.
— Ces œufs ont bien été pondus par des poules.

Une paternelle mais verte admonestation est
adressée par le général à la paysanne.

Elle demande pardon, jure qu'elle ne le fera
plus et est enfin relâchée.

Toute tremblante, elle arrive à la ville et raconte qu'elle a été arrêtée par des cuirassiers blancs qui lui ont fait mille misères, mais lui ont généreusement payé les œufs qui lui ont été cassés.

Demain très-probablement nous recevrons les visites intéressées de ses voisines qui viendront se faire arrêter.

19 *février*. — A midi revue. Le commandant d'armes, délégué du général, se montre satisfait de notre tenue et de notre instruction militaire.

20 *février*. — Fête à la caserne. Notre état-major reçoit une partie de l'état-major des mobilisés de Seine-et-Marne, commandant Jean en tête.

Un vrai type que le commandant Jean.

Moitié paysan, moitié bourgeois, la guerre l'a fait soldat.

Physionomie très-ouverte, coup d'œil extrémement prompt, taille élevée fortement charpentée, épaules carrés, mains énormes, jambes d'acier, gosier blindé.

Telle j'ai l'honneur de vous présenter la plus rude nature que j'aie jamais rencontrée.

Jeudi dernier, ayant à parlementer avec l'officier prussien commandant à Ingrandes, extrême

22.

limite des troupes d'occupation, il part, accompagné d'un officier et d'une ordonnance.

Pas de drapeau blanc, pas de clairon.

Tous les trois sont montés sur des chevaux prussiens qu'ils ont pris à l'ennemi.

Les harnais, les étriers, les éperons, voire les bottes de l'ordonnance, tout est prussien.

Le commandant Jean s'en moque pas mal.

Parti au galop, il arrive à fond de train, tombe

comme une trombe sur les avant-postes allemands abasourdis, se fait connaître et conduire à l'état-major.

Ce n'est pas plus difficile que cela. . . ,
. . . . . pour lui.

CHAPITRE XXVII.

La prussienne nous verse
Une injustice — Départ pour Rennes — Prostitution morale
Séjour à Ernée — Fougères — Désarmement
Tout est fini.

—

2.1 *février.* — Sauvage m'accompagne à Bourgueil. Il doit se rendre compte lui-même de l'occupation prussienne.

Peu s'en faut que ce voyage ne lui coûte cher. Notre cheval prend peur et nous verse au beau milieu de la route. Mon pauvre lieutenant est à moitié démoli, son bras droit est hors de service, mais rien n'est cassé.

Des frictions, un peu de repos et dans quelques jours le malaise aura disparu.

Quant à moi, — j'avais prévu le cas, — une
légère contusion tout au plus, — question d'ha-
bitude.

22 *février*. — Combes disparaît. — Se serait-il
noyé?

Hildenbrand est de retour.

Son premier acte est de rendre à Palatre ses
galons.

Ce n'était vraiment pas la peine d'obliger le
lieutenant à sévir.

« Capitaine, c'est un affront que Sauvage n'a
pas mérité, car depuis qu'il nous commande, il a
toujours été à la hauteur de ses fonctions, et, de
plus, vous deviez respecter une décision prise par
la compagnie. »

A quatre heures, ordre de départ. — Nous
devons rejoindre Charette à Rennes.

La compagnie séjourne à Angers jusqu'au lendemain; elle reçoit des armes, et le 23 au soir
elle arrive à Nantes.

23 *février*. — Je reste dans cette ville avec Su-
pligeon, pour attendre les objets d'équipement
qui nous sont faits par ordre du général de Noue.

24 *février*. — La compagnie arrive à Rennes.

25 *février*. — Elle repart pour Mayenne; — de Mayenne, à Lassay, où elle couche.

26 *février*. — Elle traverse Ambrières et Chantrigné.

27 *février*. — Gorrond et Levarré. A Levarré, nouvelle de la signature du traité de paix.

La paix…

Guerre civile à courte échéance.

Pauvre République! pauvre France.

A vous, partis monarchiques, à déchirer la patrie et à achever l'œuvre de Guillaume et de Bismark.

28 *février*. — La compagnie se rend à Ernée.

29 *février*. — Le capitaine revient à Nantes. — Les effets sont prêts. — Nous partons avec lui et allons rejoindre la compagnie.

A Redon, nous sommes témoins d'un spectacle révoltant.

Certaines dames de la ville en toilettes splen-

dides, leurs maris et tous les petits crevés de la localité sont sur le quai de la gare et applaudissent
aux chants patriotiques des prisonniers prussiens
qui retournent dans leurs foyers.

Allons, mesdames, décolletez-vous, un baiser à
nos ennemis, c'est bien le moins que vous puis-
siez faire; vos maris ne sont-ils pas là pour mar-
quer les points ?

Quelle pourriture morale, — c'est à dégoûter
d'être Français.

En arrivant, nous sommes frappés de la pré-
cision avec laquelle nos camarades manœuvrent.
Exercés constamment depuis huit jours par
Hubert et Sauvage, ils vont tout à fait bien.

Les effets sont livrés aux hommes qui n'en ont
pas.

Ils pourront de cette façon rentrer dans leurs
foyers sans être déguenillés.

C'est ainsi qu'Hubert se trouve galonné de la
tête aux bras comme adjudant, juste au moment
où il n'y a plus besoin de galons.

Du 30 *février au* 5 *mars.* — Nous restons à
Ernée jusqu'au 5 mars.

Pourquoi?

Notre engagement n'étant pris que pour la durée de la guerre, nous ne sommes plus soldats.

Pendant tout ce temps-là, nous ne faisons rien que boire, manger et dormir.

Dans les entr'actes, on joue comme des enfants. Les forts luttent à main plate.

Le major Blondeau, ennuyé de l'inaction dans laquelle notre état de santé le plonge, partage nos jeux, et, dans un exercice à bras raccourci, démolit l'épaule de Jusseaume, et la lui raccommode séance tenante.

Histoire de se donner de la besogne.

Ce fut le seul fait saillant de notre séjour à Ernée.

5 *mars*. — Je suis envoyé avec Hubert à M. de Charette pour lui demander à rentrer à Tours avec nos armes. Cette satisfaction nous est refusée, et nous rapportons au capitaine l'ordre de nous réunir le lendemain à midi, à Fougères, pour procéder au désarmement de la compagnie.

Cet ordre, que nous considérons comme une humiliation, nous rend furieux.

Le soir même, le capitaine part et va trouver Charette.

M. de Charette télégraphie au général de Colomb. — Voici la réponse :

« La mesure du désarmement atteint forcément toutes les compagnies; faire exception pour une, c'est s'attirer des réclamations de tous côtés. Quoi qu'il en soit, le capitaine commandant la cinquième compagnie de Tours ne doit pas considérer la mesure comme déshonorante pour ses hommes. Faites-lui donc savoir que je n'ignore pas que cette compagnie s'est toujours fait remarquer par sa conduite, sa discipline, et qu'elle a toujours bien fait son devoir. C'est pour moi une certitude qu'elle saura l'accomplir jusqu'au bout. Je compte sur l'autorité et l'influence du capitaine sur ses hommes.

« Signé : DE COLOMB. »

6 *mars*. — Nous n'avons qu'à nous incliner.

A une heure après midi, nous déposons nos armes et nos effets de campement.

Nous partons de Fougères le cœur broyé.

Nous rentrons tous à Tours, touchons une indemnité de 30 francs par homme, et nous dispersons dans nos familles.

23

Ainsi se termine pour nous cette malheureuse campagne.

. . . .

. . . .

A GUILLAUME

—·····—

Sous le souffle de la République, la France renaîtra.

Ce jour-là, Guillaume, oh! ce jour-là, vengeance!!!

Œil pour œil, dent pour dent.

Et c'est toi qui payeras.

Tu n'as pas fait cette guerre de conquête, guerre atroce, à un empire, mais à un peuple désarmé et à des idées jeunes.

Ces idées nouvelles t'ont fait peur.

Ce peuple désarmé t'a fait trembler.

Tu l'as pillé, volé, mutilé, mais tu ne l'as pas tué.

Eh bien! sache-le, le jour où ce peuple se relèvera (et ce jour est peut-être moins éloigné que tu ne le crois), il te déclarera une guerre terrible, impitoyable, la guerre de revendication.

Tu seras battu par les idées révolutionnaires que tes soldats ont, à ton insu, et au leur, puisées dans leurs succès eux-mêmes.

Tu seras battu par tes propres conquêtes.

Tu rendras à la mère patrie l'Alsace et la Lorraine que tu lui as arrachées brutalement.

Et là où, agonisant, râlant, tu perdras ton sceptre, tes sujets trouveront la liberté.

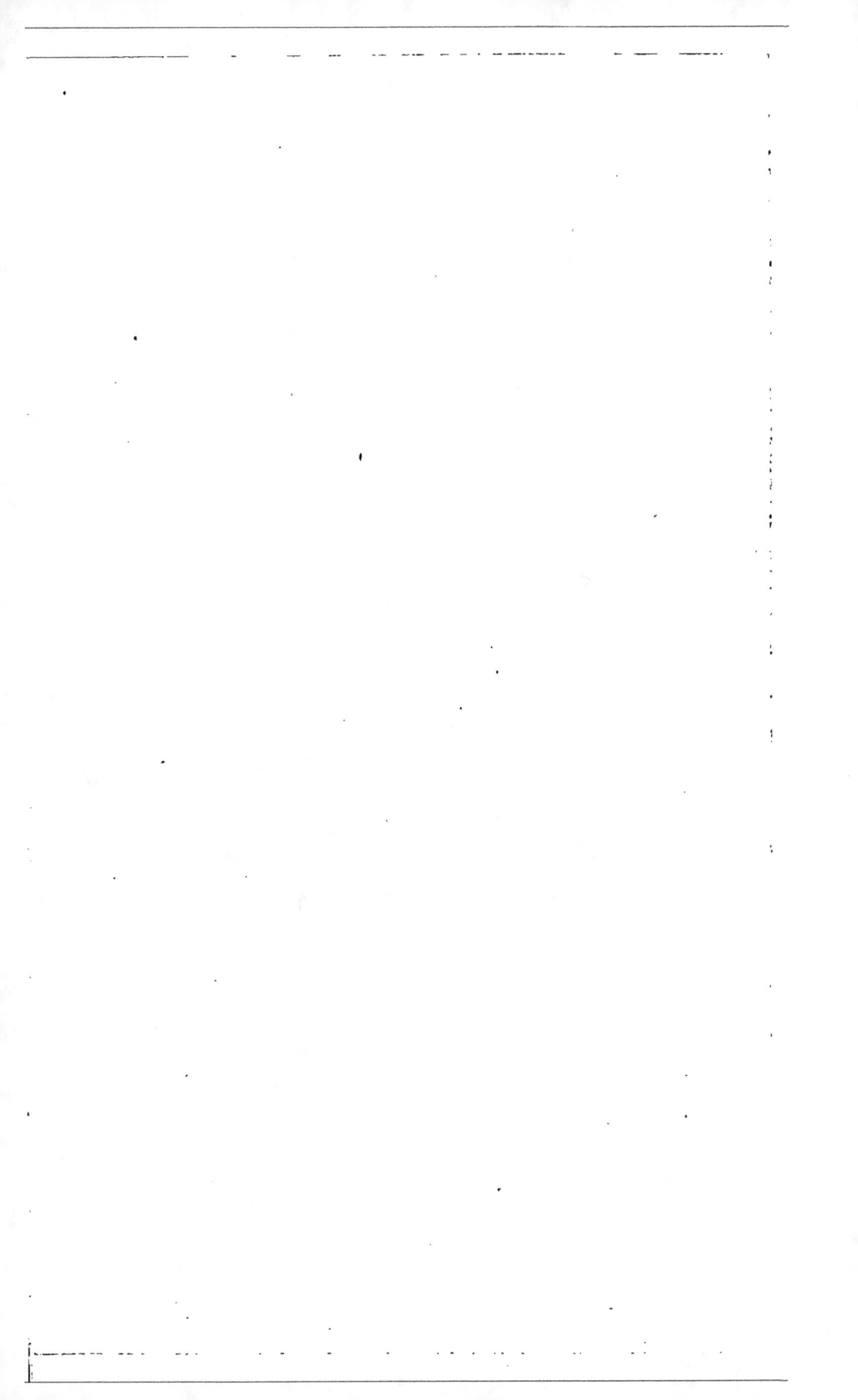

COMPOSITION DE LA COMPAGNIE A SA FORMATION

Capitaine, 1. — Lieutenant, 1. — Sous-Lieutenant, 1. — Aides-Majors, 2. — Sergent-Major, 1. — Vaguemestre, 1. — Sergent-Fourrier, 1. — Caporal-Fourrier, 1. — Sergents, 4. — Sergents de remplacement, 2. — Caporaux, 8. — Clairons, 3. — Francs-Tireurs, 79. — Total, 105.

OFFICIERS

Capitaine, HILDENBRAND. — Lieutenant, DELRONGE. — Sous-Lieutenant, ROBIN. — Aides-Majors, BOURCHET, GUÉRIN.

SOUS-OFFICIERS

Sergent-Major, MONTMIGNON. — Sergent-Major Vaguemestre-Trésorier, CHARLES LIÉRON. — Sergent-Fourrier, SUPPLIGEON. — Caporal-Fourrier, SAUVAGE. — Sergents : STEINER, LOUIS DUBOIS, HUBERT, MOREAU. — Sergents de remplacement : GUEUTAL, HORN.

CAPORAUX

ACHILLE THIERRY, — LEMAY, — PALATRE, — LUNAIS, — ANGÉ, — VIVET, RABETTE, MARTINEZ.

CLAIRONS

Caporal-Clairon, ERNEST LIÉRON. — Clairons : EGRON, — RÉTIF.

1re SECTION.	STEINER.	escouade, *cap.* LEMAY.	[Joly, Tourteau, Henri, Girault, Marceau, Menet,] Bagneux, Faucillon, Gourmel, Poulet.
	2e demi-section, *serg.* L. DUBOIS.	3e escouade, *cap.* PALATRE.	Cottin, Blette, Rey, Boisseau, Compain, Lenoir, Graslin, Ruêche, Séjault, Tazière.
		4e escouade, *cap.* LUNAIS.	Huot aîné, Huot jeune, Charpentier, Seguin, Chemallé, Petit, Doisteau, Chaumin, Massacry. Breton.
	3e demi-section, *serg.* HUBERT.	5e escouade, *cap.* ANCÉ.	Dubois, Petjès, Sinet, Crosnier, Piétin, Chesneau, Meunier, Foucault, Combes, Davonneau.
		6e escouade, *cap.* VIVET.	Gaudin, Sauger, Avenet, Besson, Chéri, Blondeau, Mimot, Hervé, Larcher, Blanchet, Pécheret.
2e SECTION.	4e demi-section, *serg.* MOREAU.	7e escouade, *cap.* RABETTE.	Fournier, Leblanc, Allard, Ducourneau, Arrault, Berger, Grandjouan, Bonnigal, Allouard, Jusseaume.
		8e escouade, *cap.* MARTINEZ.	Benoist, Chauveau, Coupette, Besnard, Bourgeois, Rodriguez, Milardet, Bardin.

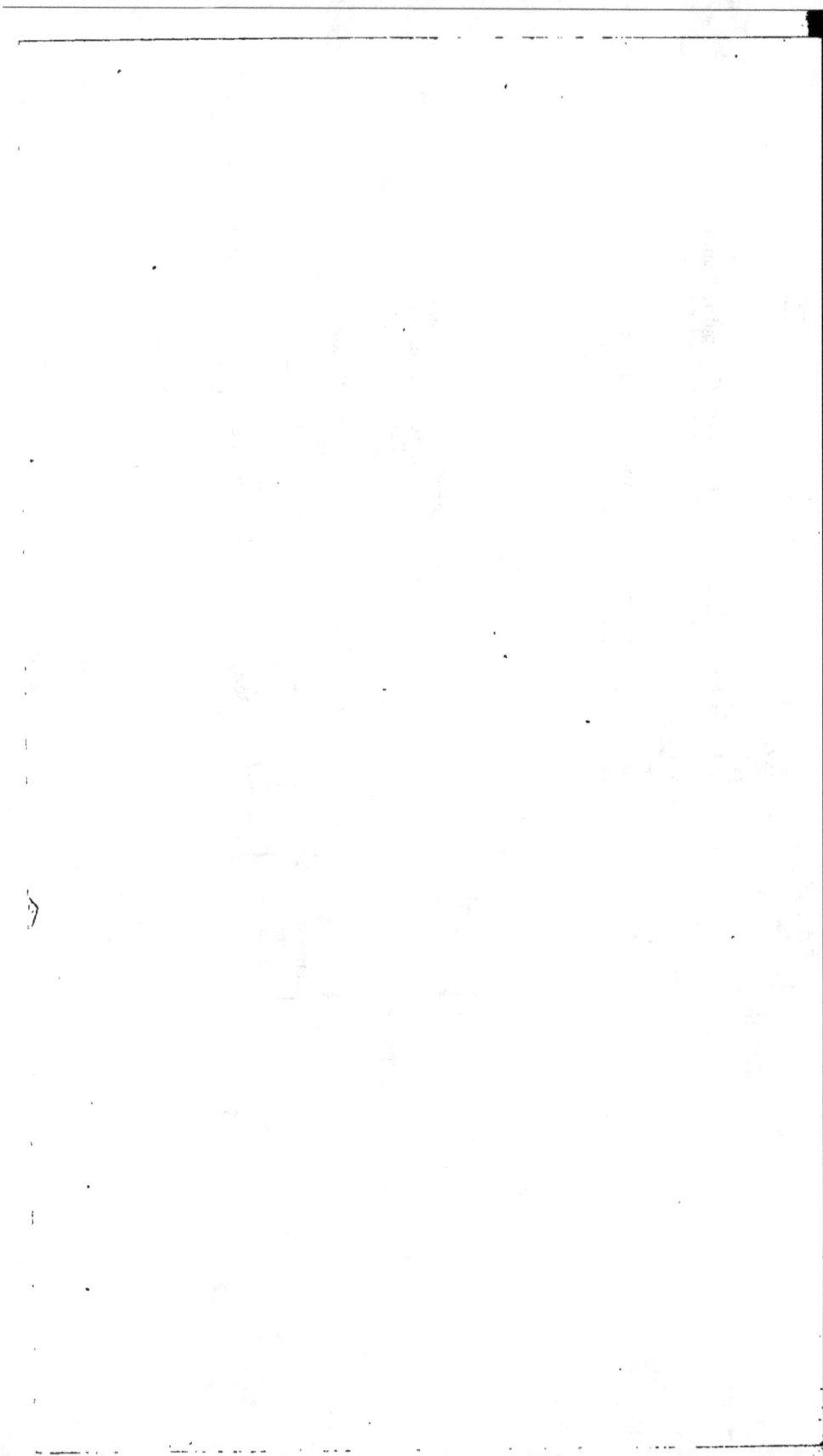

MARCHE DES FRANCS-TIREURS

Par - fois con-tem-plant sa chau- miè - re, Au lieu d'accu-ser le des - tin, ——Lu- cas é - ga - yait sa mi - sè - re A —

vec un con-so-lant re - frain; —

Mais, voyant la France en-va - hi - e,

Lu - cas fuit un lâ - che re - pos; —

Il court défendre sa pa-tri - e, Il chante en

pre--nant le chasse--pot: Les franc--ti--

-- reurs, Les francs ti -- reurs Sont tou --jours

là, Sont tou--jours là, Mar--chant sans

peur, Mar--chant sans peur Dans les com--

- bats, Dans les com-bats. Ils sont heu-

- reux, Ils sont heu-reux, Tou - jours jo-

- yeux, Tou-jours jo - yeux, Chan - tant gaie-

- ment Le re-frain du ré-gi - ment. ———

MARCHE DES FRANCS-TIREURS

—⁓∞⁓—

Assis, contemplant sa chaumière,
Au ieu d'accuser le destin,
Lucas égayait sa misère
Avec un consolant refrain.
Mais voyant la France envahie,
Lucas fuit un lâche repos,
Il court défendre sa patrie,
Et chante en prenant le chassepot :

       Les Francs-Tireurs
       Sont toujours là,
       Marchant sans peur
       Dans les combats.
       Ils sont heureux,
       Toujours joyeux
       Chantant gaiement
      Le refrain du régiment.

Un fils dont il faisait sa gloire
Courut défendre son pays,
Mais bientôt, hélas ! la victoire

24

A maltraité son favori.

Du sort méprisant les injures,

Il revient seul, le pauvre héros !

Des lauriers couvrent ses blessures,

Il fredonne le sac sur le dos :

Les Francs-Tireurs, etc.

Soldats qui gardez l'espérance,

Et n'obtenez que la pitié,

Victimes de votre vaillance,

Qui n'avez pu mourir qu'à moitié,

Affrontant de nouveaux dangers,

Luttez pour sauver notre honneur ;

Pour sauver nos champs, nos foyers,

Trouvez une nouvelle ardeur.

Les Francs-Tireurs, etc.

Les Francs-Tireurs, d'humeur altière,

Au pied léger, au cœur vaillant,

Battent bois, plaines et carrières ;

Ils sont la terreur des uhlans.

Toujours guettant leurs adversaires,

Ils pourchassent les ennemis,

Et dans leurs courses téméraires,
Leur refrain est : Pas vu, pas pris.

Les Francs-Tireurs, etc.

Souvenez-vous que, sur la terre,
Chacun a son lit de douleur.
Tout n'est pas rose à la chaumière,
Au palais tout n'est pas bonheur.
La crainte assiége la richesse,
Le plaisir redoute l'écueil,
L'amour a ses jours de tristesse,
Et la gloire a ses jours de deuil.

Les Francs-Tireurs
Sont toujours là,
Marchant sans peur
Dans les combats.
Ils sont heureux,
Toujours joyeux,
Chantant gaiement
Le refrain du régiment.

DES FRANCS-TIREURS

DE LEUR GENRE DE VIE, DE LEUR ORGANISATION

PAR

LE LIEUTENANT JULES SAUVAGE

Le Franc-Tireur est un soldat destiné à opérer isolément. Il doit observer l'ennemi de très-près, le harceler sans cesse, ne se révéler à lui que pour frapper, et disparaître aussitôt après.

Dans un pays de plaines, c'est un adversaire redoutable pour la cavalerie; si le pays est boisé ou montagneux, nulle troupe n'est à l'abri de ses coups. En tout cas, s'il sait opérer, il fera beaucoup de mal sans trop souffrir lui-même, parce que c'est lui qui choisit le lieu, l'heure et l'occasion, et que la surprise et l'incertitude ôtent à son adversaire l'idée de s'engager à fond. Une première décharge bien dirigée suffira huit fois sur dix pour faire prendre la fuite à l'ennemi.

Ce soldat est-il facile à trouver? Non.

Il lui faut bien des qualités diverses : être bon tireur, bon marcheur, d'un tempérament robuste, avoir assez de philosophie pour se contenter de ce qu'il a, si peu qu'il ait, et même de rien, s'il n'a rien.

Autant que possible, il faut des volontaires; des gens de bonne volonté peuvent seuls faire un pareil service. Inutile de le demander à des hommes qui ne marcheraient que contraints et forcés.

L'habillement et l'équipement devront être plus soignés
que ceux de la troupe de ligne, pour que le soldat n'ait
pas besoin de porter de sac, soit plus alerte, capable de
passer partout et de gravir les hauteurs les plus escarpées.

L'uniforme devrait être réglémenté, pour ne pas offrir la
confusion qu'il présentait pendant la dernière guerre. Le
gris et le noir, couleurs peu voyantes, devraient être pré-
férées.

L'armement doit se composer de fusils de précision, à
tir rapide, et pour lesquels il soit facile de se procurer des
cartouches, tels que le chassepot et le remington.

Une troupe à pied, obligée d'être aussi mobile que la cavalerie, à laquelle elle a souvent affaire, ne peut pas recevoir de l'intendance les vivres dont elle a besoin. Il faut
donc que la solde du franc-tireur soit assez élevée pour lui
permettre de vivre là où il doit stationner. Lorsque les
corps francs suivraient l'armée, ils demanderaient les vivres à l'intendance, contre des bons remboursables.

Le meilleur système d'organisation serait le bataillon
peu nombreux, à quatre compagnies, par exemple, qui,
opérant ensemble ou séparées, suivant le pays et les circonstances, mais pouvant toujours se réunir à l'ordre d'un
chef, suffiraient à toutes les éventualités de la guerre d'a-
vant-postes.

L'organisation en compagnies indépendantes est mauvaise, le capitaine de chaque compagnie tendant toujours
à s'isoler pour avoir seul le bénéfice de l'action et se trouvant souvent arrêté dans ses entreprises par la crainte de
s'aventurer sans être soutenu. L'organisation en légion
n'est pas non plus très-bonne. C'est trop de monde pour
une petite besogne.

Si ces bataillons étaient mis en ligne dans une bataille

rangée, ce qu'il ne faudrait faire qu'exceptionnellement, la précision de leur tir les rendrait extrêmement dangereux.

Pour qu'une semblable troupe fût susceptible de rendre, en temps de guerre, tous les services qu'on en peut attendre, elle devrait être organisée en temps de paix, exercée fréquemment au tir et à la manœuvre. Les hommes qui ont fait la dernière guerre composeraient le fond des bataillons, qui seraient complétés au moyen de volontaires bons tireurs, et d'une moralité excellente, tous recrutés dans le même pays, afin de n'avoir que des hommes connus.

Il ne manquera jamais de volontaires à qui plaira ce genre de guerre, qui ressemble à la chasse, avec l'attrait du danger en plus. D'ailleurs, l'autorité mêlée de camaraderie avec laquelle on est commandé dans les corps francs, convient mieux à bien des caractères que la stricte discipline de l'armée régulière. On pourrait donc choisir les sujets.

Les francs-tireurs, ainsi organisés, formeraient une troupe ne coûtant presque rien pendant la paix, et prête à partir en guerre au premier appel. Dans une guerre nationale défensive, ce seraient de terribles adversaires pour l'envahisseur. La haine des Prussiens contre eux, les mesures barbares dont ils les poursuivirent, prouvent la crainte qu'ils avaient de voir cette guerre de détail se généraliser.

Aujourd'hui, après les désastres de la dernière guerre, certains généraux en sont arrivés à nier les services rendus par les corps francs (1), et à ne plus vouloir que de l'armée

(1) Du reste, il en est de même pour la garde mobile, dont certains régiments ont pourtant illustré leur numéro, soit à Paris, soit dans les armées.

régulière. Eh bien! je demanderai à ceux-là lequel d'entre
eux ne serait satisfait d'avoir sous ses ordres un bataillon
formé comme je l'indique.

Les francs-tireurs furent-ils ainsi organisés dans la dernière guerre?

Non.

Dans la précipitation de la lutte, on distribua les bre-
vets de capitaine, de commandant, un peu au hasard. Une
troupe demandait-elle à être formée en corps franc, on
l'acceptait sans pouvoir vérifier l'aptitude et la moralité
de ceux qui la composaient.

De là bien des mauvais choix, et, tandis que certains
francs-tireurs s'attiraient toutes les sympathies de leurs
compatriotes et se rendaient redoutables à l'ennemi, d'autres devenaient un objet d'exécration et ne se battaient pas
du tout. Mais l'avantage d'avoir pu jeter en très-peu de
temps 25,000 combattants devant l'ennemi, sans avoir à
s'occuper en rien de leur organisation, ne compense-t-il
pas grandement les sacrifices faits pour eux? Car, après
tout, la généralité des combattants a rendu des services et
même de grands services.

En effet, après Sedan et Metz, les corps francs furent à
peu près les seuls qui éclairèrent l'armée régulière. Derrière
eux, on put créer ces armées qui, pendant cinq mois, dis-
putèrent la France aux Allemands, alors que ceux-ci nous
croyaient, depuis le 2 septembre, incapables du moindre
effort.

Sous les murs de Paris, dans le Haut-Rhin, dans les
Vosges, sur la Loire, en Normandie, dans le Nord, les
francs-tireurs furent représentés dans toutes les actions
de guerre.

Ils eurent l'honneur de presque toutes les escarmouches et de quelques grosses affaires, telles que Châteaudun et Dijon.

Ils composèrent à peu près en totalité l'armée des Vosges, sous Garibaldi, et combattirent soit détachés, soit en ligne, sous tous les généraux de la défense nationale.

Dans l'armée de la Loire, dont je faisais partie, je citerai certains corps francs, tels que les Volontaires de l'Ouest, les Francs-Tireurs de Paris, les Tirailleurs girondins, les Partisans du Gers, les Francs-Tireurs de Blidah, de Fontainebleau, ceux de Tours, bien d'autres encore, qui eurent une conduite ne le cédant en rien à aucun corps de l'armée régulière.

Il est donc souverainement injuste de nier leurs services. Et, dans le moment où l'on réorganise nos forces militaires, ce serait une faute de négliger une pareille ressource.

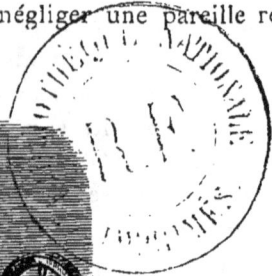

TABLE DES MATIÈRES

——❧——

FIN DE LA TABLE

Paris. Imp. Gauthier-Villars, quai des Grands-Augustins, 55

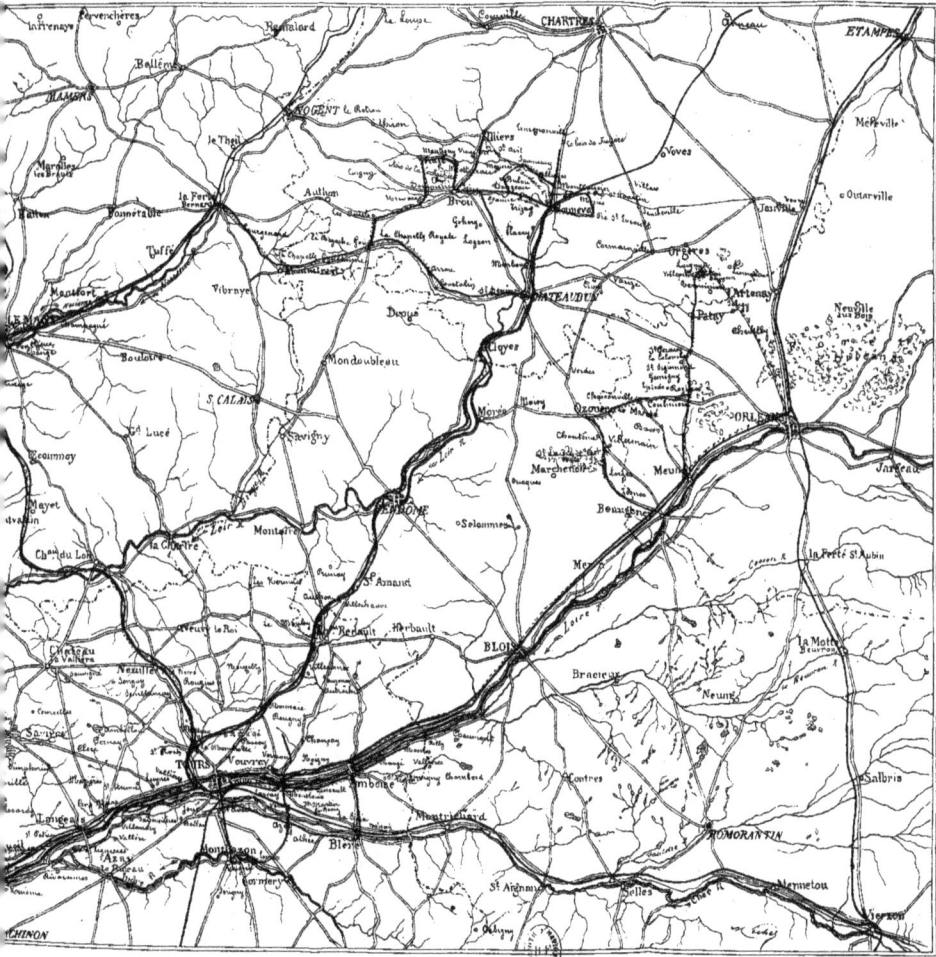

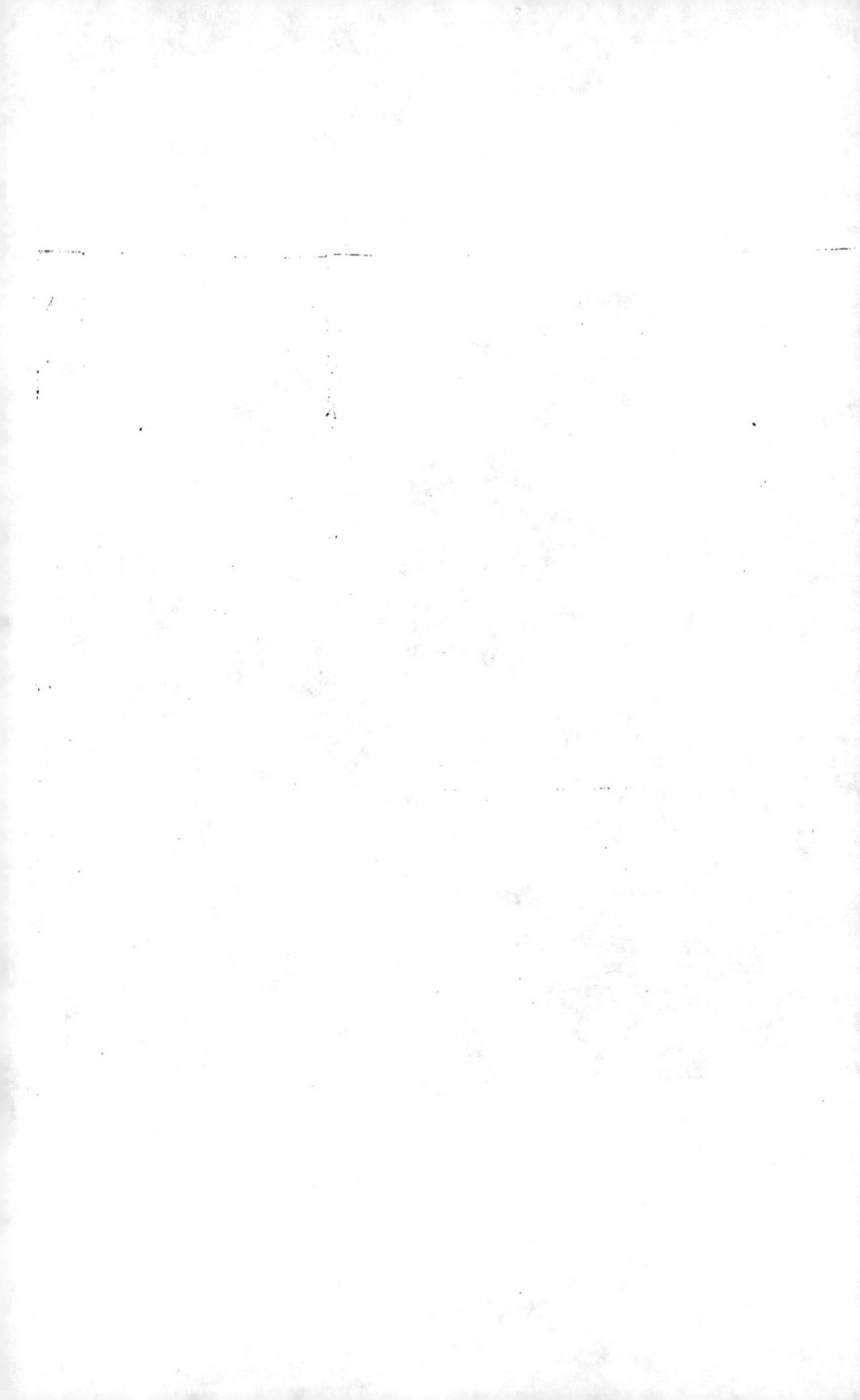

www.ingramcontent.com/pod-product-compliance
Lightning Source LLC
Chambersburg PA
CBHW050504270326
41927CB00009B/1902

* 9 7 8 2 0 1 4 5 0 2 1 2 1 *